职业院校专业课程改革系列教材

纺织面料跟单实务

FANGZHI MIANLIAO GENDAN SHIWU

魏飞飞　倪桂飞◎主编

浙江工商大学 出版社
ZHEJIANG GONGSHANG UNIVERSITY PRESS

·杭州·

图书在版编目(CIP)数据

　　纺织面料跟单实务 / 魏飞飞,倪桂飞主编. —杭州:浙江工商
大学出版社,2020.3(2024.12重印)
　　ISBN 978-7-5178-3683-4

　　Ⅰ. ①纺… Ⅱ. ①魏… ②倪… Ⅲ. ①纺织品—生产管理—
教材 Ⅳ. ①F407.816.2

　　中国版本图书馆 CIP 数据核字(2020)第020514号

纺织面料跟单实务

FANGZHI MIANLIAO GENDAN SHIWU

魏飞飞　倪桂飞　主编

责任编辑	厉　勇
责任校对	童江霞
封面设计	雪　青
责任印制	祝希茜
出版发行	浙江工商大学出版社
	(杭州市教工路198号　邮政编码310012)
	(E-mail:zjgsupress@163.com)
	(网址:http://www.zjgsupress.com)
	电话:0571-88904980,88831806(传真)
排　　版	杭州朝曦图文设计有限公司
印　　刷	杭州宏雅印刷有限公司
开　　本	787mm×1092mm　1/16
印　　张	10.5
字　　数	205千
版 印 次	2020年3月第1版　2024年12月第4次印刷
书　　号	ISBN 978-7-5178-3683-4
定　　价	32.00元

编委会

前　言

我国是纺织品生产和出口大国,纺织行业经过多年的发展,竞争优势明显。而柯桥轻纺城已经连续十七年居全国纺织专业批发市场第一,是目前全国规模最大、经营品种最多的纺织品集散中心,也是亚洲最大的轻纺专业市场。

在纺织面料生产过程中,面料印染是非常重要的一个环节,而面料印染的跟单员更是一个不可缺少的岗位。跟单员既要懂生产,熟练掌握面料整个印染流程,跟进面料印染进程;又要懂管理,根据交货时间合理安排生产进度,做好染厂和客户的沟通工作,及时向公司反馈印染进度及质量问题等。

《纺织面料跟单实务》从跟单员概述、来样分析、打样跟单、染厂选择与合同签订、生产加工过程跟单、包装跟单、发货跟单等几块内容来分析和讲解纺织面料跟单的整个过程,这样整个流程更加清晰完整。

《纺织面料跟单实务》项目一、项目二和项目三由魏飞飞老师编写,其中项目二任务三由陈月慧老师编写、项目五任务一由钱军老师编写,项目五任务二由张瑛老师编写,项目四、项目六由倪桂飞老师编写。项目七任务一由王鹏老师编写,项目七任务二由倪燕老师编写。

由于时间紧,教材定有不足之处,敬请各界人士提出宝贵的意见和建议,以求不断改进和完善。

编　者
2019年1月

目　录

项目一　跟单员概述

任务一　跟单概述

任务二　跟单员概述

目前,我国的经济发展仍处于重要战略机遇期。虽然国际环境瞬息万变,但我国的纺织工业依然是外向型程度很高的产业,纺织产品出口总额占工业总产值的比例不容忽视。纺织品贸易为国家经济建设积累了宝贵的外汇资金,在国际贸易中享有较强的优势。我国早已加入世界贸易组织,在纺织服装产品融入世界纺织品和服装贸易一体化的进程中,纺织业有了更大的市场竞争空间。当然,我国纺织品品种的开发和技术创新能力还需要进一步提高。现代纺织产品不仅要满足人体的生理需求,而且要满足人们对现代生活方式、衣着多样化和时尚化的审美需求。纺织产品的风格、性能等要有不同的特色。如何提高纺织品的品质,赋予其更高的实用价值,更好地满足国内外市场的需要,是纺织产品从业人员必须解决的重大课题。

跟单是企业生存、发展和运作的一个重要环节。企业的生存与发展都是以订单为主线的。作为订单的跟进者——跟单员的工作横跨一个企业运作体系的每一个环节。从管理的角度来说,企业以订单为主线,生产以客户为中心,跟单则是重中之重。

任务一　跟单概述

任务情境

　　浙江绍兴阳光进出口有限公司(简称阳光公司)是一家流通性贸易公司,主要经营服装面料等进出口业务,已有十几年的进出口贸易经历,拥有遍及欧洲、北美和亚洲地区的众多客户。在2019年1月,收到欧洲客户ABC公司的订单,ABC公司为满足当地服装市场要求,需要采购一批面料,此订单由阳光公司实习生王雷跟进。

　　由于王雷刚进入阳光公司,不是很清楚跟单员一职需要做什么工作。在跟单师父的带领下,王雷开始学习跟单知识。

工作任务

　　作为一名跟单员,王雷需了解跟单的概念,明白跟单的流程。

　　跟单是企业生存、发展和运作的一个重要环节。企业的生存与发展都是以订单为主线的。作为订单的跟进者——跟单员的工作横跨一个企业运作体系的每一个环节。从管理的角度来说,企业以订单为主线,生产以客户为中心,跟单则是重中之重。

一、跟单的概念

　　跟单,亦称"加工路线单",是一种跟随产品移动而记录其加工过程中各道工序间收、发移动情况的产量凭证。它由生产计划调度人员交给第一道工序的工人,然后跟随每道工序,依次转移,逐项记录,直到产品完工时的最后一道工序。跟单应按每批产品的全部加工过程开设,用来反映产品消耗、加工方法和工艺技术规程的遵守情况,以及各道工序上坯布、半成品、产成品数量的变化,是成本核算的凭证。

二、跟单的分类

　　跟单可分为外贸跟单和内销跟单,业务跟单和生产跟单。

　　外贸跟单中的"跟"是指跟进、跟随;"单"是指企业中的涉外合同或信用证项下的订单。

外贸跟单可分为以下几类(见表1-1-1)。

表1-1-1　外贸跟单分类

跟单的分类标准	跟单的具体分类
按业务进程分	分为前程跟单、中程跟单和全程跟单三大类 前程跟单是指"跟"到出口货物交到指定出口仓库为止 中程跟单是指"跟"到装船清关为止 全程跟单是指"跟"到货款到账。合同履行完毕为止
按企业性质分	分为生产型企业的跟单和贸易型企业的跟单
按业务性质分	分为外贸公司跟单和生产企业跟单
根据货物的流向分	分出口跟单和进口跟单

内销跟单和外贸跟单相似,与外贸跟单不同的是订单不需经过报关、报检、收汇和出口退税等工作。

业务跟单是对客户进行跟进,尤其是对企业的产品有兴趣,有购买意向的人进行跟进,以缔结业务、签订合同为目标的一系列活动。

"生产跟单"中的"跟"是指跟进、跟随,"单"是指合同项下的订单。生产跟单可分为织造跟单、染厂跟单、服装跟单等。

三、跟单流程

跟单是从客户询盘开始到出货的整个流程。以下为具体流程图(见图1-1-1)。

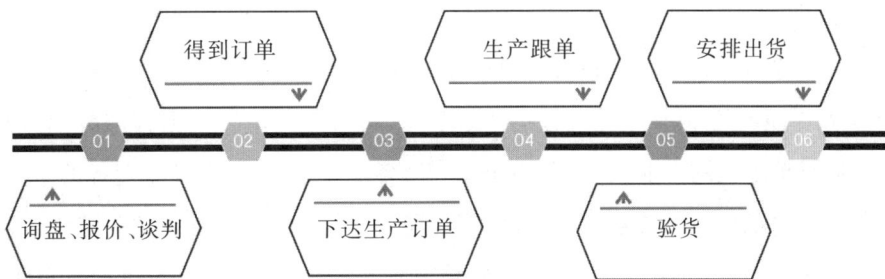

图1-1-1　跟单流程图

任务二　跟单员概述

任务情境

王雷在跟单师父的介绍下,已经基本明白了什么是跟单,并对这份工作有了足够的重视。

工作任务

王雷作为一名跟单员,需要了解自己的工作内容、工作性质、工作特点及跟单过程中的注意事项等。

一、跟单员概念

跟单员是指在企业运作过程中,以客户订单为依据,在贸易合同签订后,依据相关合同或单证对货物生产加工、装运、保险、报检、报关、结汇等部分或全部环节进行跟踪或操作,协助履行贸易合同的从业人员。跟单员是企业内各部门之间、及企业与客户之间相互联系的中心枢纽。

跟单员可以分为外贸跟单员和内销跟单员,也可分为业务跟单员和生产跟单员。

1. 外贸跟单员是在企业业务流程运作过程中,以客户订单为依据,跟踪产品(服务)运作流向并督促订单落实的专业人员,是各企业开展各项业务,特别是外贸业务的基础性人才之一。一名合格的跟单员需要掌握外销、物流管理、生产管理、单证与报关等综合知识。

2. 内销跟单员与外贸跟单员类似,差别是前者客户是国内的,且跟进的订单不需经过报关、报检、收汇和出口退税等。

3. 业务跟单员是对客户进行跟进,尤其是对本公司的产品有兴趣、有购买意向的人进行跟进,以便缔结业务关系并签订合同的人员。对外称其为跟单员或业务助理。

4. 生产跟单员是指在企业收到生产订单后,以订单为依据,对产品的生产环节、质量等进行跟进的人员。

二、跟单员的工作定位

跟单员也可以是业务员。他的工作不仅仅是被动接受订单,更是要主动进行业务开拓,对准客户实施推销跟进,以达成订单为目标,进行业务跟单。因此,跟单员要:

1. 寻找客户:通过各种途径寻找新客户,跟踪老客户。

2. 设定目标:主要客户和待开发的客户。

3. 传播信息:将企业产品的信息传播出去。

4. 推销产品:主动与客户接洽,展示产品,以获取订单为目的。

5. 提供服务:产品的售后服务,及对客户的服务。

6. 收集信息:收集市场信息,进行市场考察。

7. 分配产品:产品短缺时先分配给主要客户。

跟单员也可以是业务助理。跟单员在许多时候扮演业务经理助理的角色,他们协助业务经理接待、管理、跟进客户,因此跟单员的工作包括函电的回复、报价单的计算、订单的验签、对账表的填写、目录样品的寄送与登记、客户来访接待、主管交办事项的处理及与相关部门的业务联系等。

跟单员也可以是协调员。跟单员对客户所订产品的交货进行跟踪,即进行生产跟踪。

跟踪的要点是生产进度、货物报关、装运等。因此,在小企业中,跟单员身兼数职,既是内勤员,又是生产计划员、物控员,还可能是采购员。在大企业里,跟单员则代表企业的业务部门向生产制造部门催单要货,跟踪出货。

三、跟单员的工作特点

跟单员的工作几乎涉及公司的每一个环节,从销售、生产、物料、财务等各个方面都会有跟单员的身影出现。跟单员的工作特点有:

1. 较强的责任心。订单的产品质量好坏,是决定能否安全收回货款、保持订单连续性的关键。执行好订单、把握产品质量需要跟单员具备一定的敬业精神和认真负责的态度。

2. 职责大。跟单员的工作是建立在订单与客户基础上的,因为订单是公司的生命,客户是公司的上帝,失去订单与客户将危及公司的生存。做好订单与客户的工作职责重大。

3. 需要沟通和协调。跟单员工作涉及各部门,跟单员与客户、计划部门、生产部门等许多部门都需要沟通与协调,跟单员要做的都是在完成订单的前提下与人进行沟通的工作。沟通与协调能力对跟单员来说非常重要。

4. 做好客户的参谋。跟单员掌握着超多的客户资料,对他们的需求比较熟悉,同时也了解工厂的生产状况,因此对客户的订单能够提出意见,以利于客户的订货或下单。

5. 工作节奏多变、快速。应对的客户来自五湖四海,他们的工作方式、作息时间、工作节奏各不相同。因此,跟单员的工作节奏是多变的。另外,客户的需求是多样化的。有时客户的订单是小批量的,但却要及时出货,这就要求跟单员的工作是快速高效的。

6. 工作是综合性的。跟单员的工作涉及公司所有部门,由此决定了其工作的综合性。对外执行的是销售人员的职责,对内执行的是生产管理协调工作,所以跟单员务必熟悉工厂的生产运作流程,以便做出更快的反应和更好的决策。

四、跟单员相关技能要求(见表1-2-1)

表1-2-1　跟单员的工作内容及相关技能要求

工作内容	技能要求
业务跟单	了解基本的外贸知识,如谈判、报价、接单、签合同等等,掌握基础外语及函电往来等技能
物料采购跟单	懂营销、懂产品;熟悉物料及其性能、使用和保养方面的知识;熟悉其生产周期和价格
生产过程跟单	懂生产、懂管理、懂沟通
货物运输跟单	掌握货物的运输知识,包括运输工具、运输方法、配柜、相关价格和物流时间等,了解报关知识
客户联络跟踪(客户接待)	了解对客户的管理,懂相关的国际礼仪知识

思考题

1. 外贸公司、染厂为什么要设立跟单员岗位?

2. 作为一名跟单员,主要的工作有哪些?

3. 跟单员的工作特点有哪些?

项目二　来样分析

任务一　原颜色样分析

任务二　原手感样分析

任务三　原品质样分析

当客户对厂家的产品感兴趣,或对厂家的印象比较好,且有了合作意向时,客户会提供一些样品给厂家,让厂家根据提供样打样。

客户的来样一般有以下几种情况。

1. 颜色样/印花样、手感样、品质样三种(见图2-1-1、图2-1-2、图2-1-3)。

图2-1-1 颜色样/印花样　　　图2-1-2 手感样　　　图2-1-3 品质样

2. 颜色样/印花样、手感样和品质样两种,手感样与品质样是同一块(见图2-1-4、2-1-5)。

图2-1-4 颜色样/印花样　　　图2-1-5 手感样和品质样

3. 颜色样/印花样、手感样和品质样都是同一块(见图2-1-6)。

图2-1-6 颜色样/印花样、手感样和品质样

任务一　原颜色样分析

任务情境

阳光公司跟单员王雷收到欧洲 ABC 公司的颜色样。

工作任务

阳光公司跟单员王雷需对颜色样进行分析。

一、颜色样

对于需要染色的产品,客户提供的颜色样品可称为标准原色样。原色样可能是色布样,也可能是标准颜色编号(如 PANTONE 色卡编号)。来样样品通常面积比较小,客户提供标准原色样时,应注明颜色、名称、编号、布种、坯布成分等。颜色样可分为以下几种。

1. 色布样:即客户选定颜色后寄给公司的样品。染厂根据所寄原色样进行打样(见图 2-1-7)。

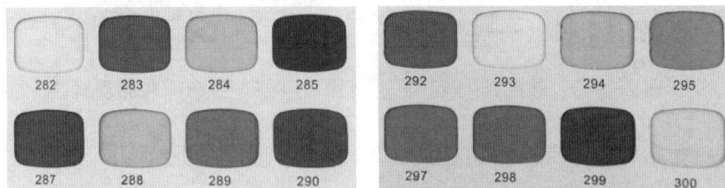

图 2-1-7　色布样

2 PANTONE色卡:为国际通用的标准色卡,中文惯称潘通。PANTONE 色卡是享誉世界的色彩权威,涵盖印刷、纺织、塑胶、绘图、数码科技等领域的色彩沟通系统,已经成为设计师、制造商、零售商和客户之间进行色彩交流的国际标准语言。

对于没有颜色样,客户可要求厂家根据 PANTONE 色卡中的颜色来进行打样(见图 2-1-8)。

图2-1-8　PANTONE色卡

ABC公司将颜色样寄给阳光公司,跟单员王雷对颜色样(见图2-1-9)进行分析。

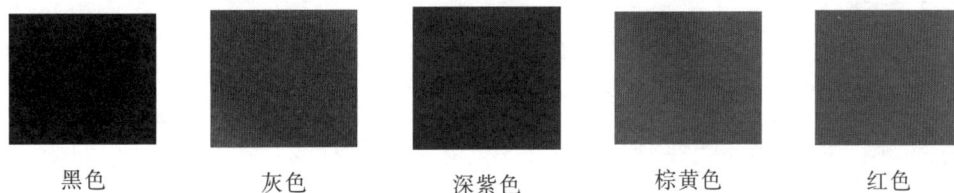

| 黑色 | 灰色 | 深紫色 | 棕黄色 | 红色 |

图2-1-9　颜色样

知识加油站

每年,Pantone,Inc.及其遍布全球100多个国家和地区的众多特许经营商户提供了无数的产品与服务,范围涉及制图艺术、纺织、服饰、室内家居、塑胶品、建筑和工业设计等领域。

在服饰、家居和室内设计行业中,潘通服装和家居色彩系统(PANTONE for fashion and home)是设计师们的主要工具,它是选择和确定纺织和服装生产使用的色彩。该系统包括1925种棉布或纸版色彩,不仅可以组建新的色库和概念化的色彩方案,还可以提供生产程式中的色彩交流和控制。

二、印花样

印花样是指用颜料或染料在纺织物上施压花纹的面料。印花样分为图纸样和成品样。

1. 印花图纸样通常是绘制的彩色图案,另附颜色原样或颜色说明。

2. 印花成品样是印制好的成品面料样品,可以表明最终成品要求的品质。印花样必须有完整的花型图案,能够表示出完整的花型循环。

ABC公司将所需的样品寄给阳光公司,跟单员王雷需要根据印花样对花型、颜色等进行分析(花型样见图2-1-10)。

花型1　　　　　　　　　　　　　花型2

图2-1-10　花型样

思考题

1. 客户的来样可以分为哪几类?

2. 在对颜色样和印花样进行分析时需要注意哪些方面?

任务二 原手感样分析

任务情境

阳光公司跟单员王雷收到欧洲ABC公司的手感样。

工作任务

阳光公司跟单员王雷需对手感样进行分析。

一、手感样含义

手感是对纤维和织物用手触摸的感觉,包括纤维和织物的厚度、表观比重、表面平滑度、触感冷暖、柔软程度等因素的综合感觉。它是依靠手对面料等材料的触摸、拉伸、弯曲等提出的感觉,可提供关于弹性、丰满、软、硬、光滑、粗糙等物理属性。手感样即订单客户提供给生产厂家用来参考面料手感的样布,应能够体现出客户所要求的面料成品手感。

二、面料与手感样的关系

面料与手感的关系,不同的面料有不同的手感,详见表2-2-1。

表2-2-1　面料与手感的关系

面 料	手 感
纯棉布	布面光泽柔和,手感柔软,弹性较差,易皱折。用手捏紧布料后松开,可见明显折皱,且折痕不易恢复原状
粘棉布	布面光泽柔和明亮,色彩鲜艳,平整光洁,手感柔软,弹性较差。用手捏紧布料后松开,可见明显折痕,且折痕不易恢复原状
涤棉布	光泽较纯棉布明亮,布面平整,洁净无纱头或杂质。手感滑爽、挺括,弹性比纯棉布好。手捏紧布料后松开,折痕不明显,且易恢复原状
纯毛精纺呢绒	织物表面平整光洁,织纹细密清晰,光泽柔和自然,色彩纯正,手感柔软,富有弹性。用手捏紧呢面松开,折痕不明显,且能迅速恢复原状。纱支多数为双股
纯毛粗纺毛呢	呢面丰满,质地紧密厚实。表面有细密的绒毛,织纹一般不显露。手感温暖、丰满,富有弹性
毛涤混纺呢绒	外观具纯毛织物风格。呢面织纹清晰,平整光滑,手感不如纯毛织物柔软,有硬挺粗糙感,弹性超过全毛和毛粘呢绒。用手捏紧呢面后松开,折痕迅速恢复原状
毛晴混纺呢绒	大多为精纺。毛感强,具毛料风格,有温暖感。弹性不如毛涤

　　根据客户对产品手感的要求,染厂也可在后整理和定型阶段通过调整工艺来满足客户需求。

　　跟单员王雷分别对ABC公司寄来的染色面料手感样和印花面料手感样(见图2-2-1)进行了分析,发现染色手感样手感柔软挺滑、爽糯舒适、轻盈飘逸,印花手感样手感柔韧有身骨、平挺舒爽。

染色手感样　　　　　　　　　　　印花手感样

图2-2-1　手感样

思考题

1. 描述手感样的作用。

2. 分析面料与手感样的关系。

3. 不同面料的手感样有什么不同?

任务三 原品质样分析

任务情境

阳光公司跟单员王雷收到欧洲 ABC 公司的品质样。

工作任务

阳光公司跟单员王雷需对品质样进行分析。

一、品质样含义

品质样是指客人提供的面料样品。它可以是大的码样,也可以是小的手掌样,还可以是挂钩样。大货的风格、品质要与品质样一致。

二、原品质样分析

对于原品质样,可以根据产品规格单(见表 2-3-1)进行分析。

1. 纱支:是指纱线的粗细程度。

用于表示纱支的指标主要有特数、旦数、英制支数、公制支数。

(1)特克斯(Fex)数——又称"号数",是指 1000 米长纱线在公定回潮率下重量的克数。

(2)纤度(D)——又称"旦数"或旦尼尔(denier),是指在公定回潮率下,9000 米纱线或纤维所具有的重量克数,常用来表示化纤长丝、真丝等。

特克斯和纤度都是定长制,克重越大纱线越粗。

(3)英制支数(Ne)——在公定回潮率下,1 磅重纱线长度的 840 码的倍数。也就是说,1 磅重纱线正好 840 码长,为 1 支纱,1 磅重纱线长度为 21×840 码长,纱线的细度为 21 支,写为 21s。英制支数不是我国当今法定的纱线细度指标,但在企业中仍然被广泛使用,尤其是棉型纺织行业。

(4)公制支数(Nm)——在公定回潮率下,1 克重纱线长度的米倍数。也就是说,1 克重纱线正好 1 米长,为 1(公)支纱,1 克重纱线长度为 200 米长,纱线的细度为 200 支。毛纺织棉纺织行业都有使用。

英制支数和公制支数都是定重制,支数越大纱线越细。

表 2-3-1 面料规格单

品号　　　　　　　　　　　　　　　　　　　　　　　日期:　　年　　月　　日

织物规格		门幅:　　　　　　　　　cm			坯布□　成品□	
		经密:　　根/cm		纬密:　　根/cm	克重:　　g/m²	
原　料　组　合（捻度/捻向）						
经组合	A					
	B					
	C					
纬组合	A					
	B					
	C					

2. 密度:是指单位长度内的经纱和纬纱的根数,也称为经纬密度。一般用"根/英寸""经密×纬密"表示。如133×72,说明每平方英寸经纱数为133根、纬纱数为72根。

3. 成分:面料的纤维成分和每种纤维含量占纤维总量的百分比。

4. 风格:一看外观,包括面料的颜色、光泽度、组织结构、悬垂等。二摸手感,如粗糙、干涩、滑爽、柔软、厚实、硬感等。三定面料的后整理,如涂层、压光、贴膜、起绒、拉毛、防水、防静电、防紫外、防油污等。

面料风格主要还是看外观,而外观又是由面料的原材料、密度、组织结构、颜色、后整理等决定的。

王雷对ABC公司的品质样(见图2-3-1,图2-3-2)进行分析后,得出染色面料是棉府绸(见表2-3-2),印花面料是棉平布(见表2-3-3)。

图 2-3-1 染色面料品质样

图 2-3-2 印花面料品质样

表 2-3-2　棉府绸规格

品名	棉府绸染色布
成分	100% 棉
纱支	$50^s \times 50^s$
密度	133×72
门幅	150cm
克重	230g/m²
织物组织	平纹
染整工艺	染色

表 2-3-3　棉平布规格

品名	棉平布印花布
成分	100% 棉
纱支	$32^s \times 32^s$
密度	98×90
门幅	150cm
克重	170g/m²
织物组织	平纹
染整工艺	印花

思考题

1. 什么是品质样？

2. 如何对品质样进行分析？

3. 品质样有哪些作用？

项目三　打样跟单

任务一　打样概述

任务二　寻找类似样

任务三　打样跟单

任务四　样品整理报送及确认

打样是整个印染过程中的重要环节,是为生产大货做准备的。一次成功的打样能使大货的生产顺利进行。因此,跟单员在打样跟单过程中显得尤为重要。

对于客户的来样,可在本公司、其他公司、市场进行寻样。如未找到类似样,跟单员就需对客户来样进行打样跟单,跟单员在跟单之前,要了解跟单的整个流程。在打样过程中,跟单员需填制打样通知书、手织样工艺单,对常规、特殊面料进行跟进。在跟进过程中,跟单员需认真负责,确保每一个环节顺利进行。同时,要做好与染厂、客户的沟通工作,及时向客户反映打样情况,将客户的要求及时反馈给染厂,确保打样的顺利进行。

打样完成后,跟单员需对样品进行整理、填制送样通知书、寄送样品、跟进样品寄送情况及客户对样品的意见,并建立样品资料库。

任务一　打样概述

任务情境

阳光公司跟单员王雷跟与单师父一起到绍兴天元纺织印染有限公司(简称天元公司)熟悉、了解打样跟单流程。

工作任务

阳光公司跟单员王雷到天元公司了解打样跟单流程、打样目的及打样跟单注意点。

一、打样跟单流程(见图3-1-1)

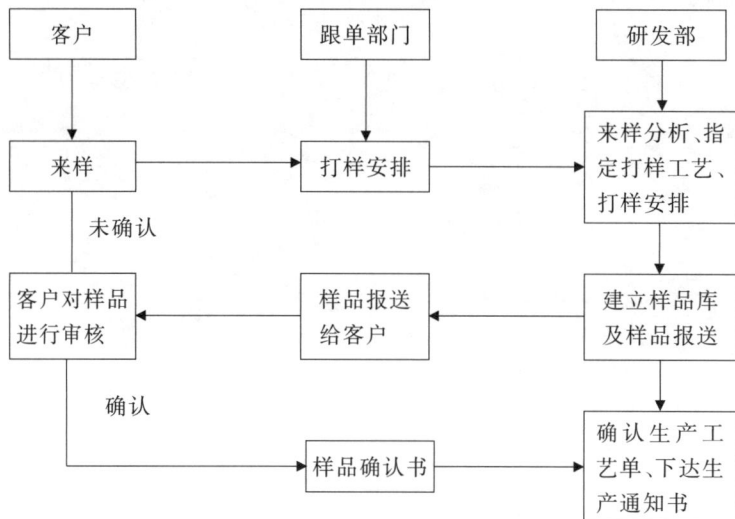

图3-1-1　打样流程图

二、打样概述

打样工作是印染生产过程中必不可少的环节,任何印染品在实施生产前均需要进行打样确认。通过打样,归纳出染色、印花配方和生产工艺,用于指导大批量的生产。

　　印染生产的打样工作,主要有打颜色样和打印花样。新开发或特殊的印染产品,还需要做出头缸样(即小批量试生产),以验证生产工艺的可行性,从而保证大批量生产的正常进行。样品打好后,需交给客户进行评审确认,以客户确认的样品作为生产的依据,并且作为产品验收的标准。

　　在打样过程中,跟单员在客户与染厂之间的沟通联系过程中起着重要作用,既要与客户进行沟通,又需跟进打样的进程。打好的小样由跟单员归纳整理报送给客户,了解客户的批复意见并及时传达给染厂研发部门。

三、打样跟单注意点

　　1. 对于客户的来样要妥善保管,对于同一客户的不同来样要仔细核对,分类保管。

　　2. 客户来样要与相应的订单对应,编号要明确易区分。

　　3. 打样过程中要认真负责,及时了解进程,样品完成后要及时送交客户审核。

四、打样目的

　　打样是为精准无误地大规模生产做准备。事实上,样品和成品还是会存在一定差别。打样过程,通过客户、跟单和染厂的研发部门共同努力,力求达到以下目的:

　　1. 通过打样,可探讨出可行的染色印花工艺,以保证大货的顺利进行。

　　2. 打出的样品要达到客户的要求,能够得到客户的确认。

　　3. 确保订单顺利完成。多品种、多颜色、多花型、小批量的订单能提高企业的应变能力,从而提高企业的竞争能力。

思考题

　　1. 产品在大货生产之前,为什么要进行打样?

　　2. 打样过程中,跟单员需要注意哪些问题?

任务二　寻找类似样

任务情境

跟单员王雷对客户的颜色样进行分析后,需要提供给客户类似样。

工作任务

阳光公司跟单员王雷需根据客户来样寻找类似样。

一、本公司寻样

跟单员在收到客户来样后,要根据客户品质样中的纱支、密度、成分、克重等规格,以及客户所要求的颜色样进行寻样。

跟单员可在本公司通过查找资料找到类似样的存放区域,再进行面料的寻找。所寻样布的品质和颜色要与客户来样接近。

二、其他公司寻样

如果在本公司未找到类似的样品,可以将客户的来样拿到与自己有接触的其他公司,让其帮忙寻样。

三、市场寻样

跟单员在本公司和其他公司均未寻到类似样,可去面料市场寻样。跟单员根据客户来样大致确定类似面料的市场范围,然后去实地考察,选择几家符合来样要求的门市部进行寻样,选择价格适中、品质优良的面料。在条件允许的情况下,可先采购几米面料提供给客户,让客户确认。

任务三 打样跟单

任务情境

阳光公司跟单员王雷在对客户来样进行寻样后,有部分颜色样和印花样,没有找到类似样,随后将客户的来样拿到绍兴天元公司进行打样。

工作任务

阳光公司跟单员王雷对打样进行跟单。

一、打样通知书

1. 打样通知书:打样通知书的内容包括对色光源、色牢度、染化料是否环保、打样版数、打样坯布及大小、打样坯布规格、完成时间等信息。跟单员应保留一份打样通知书作为存档资料。

王雷整理客户来样后,将客户来样拿到天元公司,根据要求填制了打样通知书,随同色样交由研发部门(或化验室)进行打样。打样通知书见表3-3-1、表3-3-2。

2. 制订打样通知书时应注意的事项。

(1)开具打样通知书时,应仔细核对客户的订单号、色号、颜色等资料,尤其是核对原样资料卡所列明的内容,不可出现差错,需要提醒或容易混淆的地方,应在备注栏中特别注明。

(2)谨慎确定时间期限,应明确规定打样完成时间。

(3)特别注明坯布规格情况及对色光源要求。

(4)通常情况下,需写明客户的质量要求及检测所用标准。如果客户有其他特殊要求应特别注明,如关于生态纺织品检测的要求。

(5)须注明小样大小和版数(印花和色织的要注明循环问题,化纤类染色的都要打A、B、C、D四个样)。

(6)打样通知书应与客户原样一同交研发部门,并进行登记,妥善保管客户来样。

(7)打样通知书须经主管认可签字后方可交付执行。

表 3-3-1　染色打样通知书

客户			阳光公司		单号			T018-12
接样时间					订单交货期			
打样完成时间					染料要求			环保染料
色样数量			5		小样尺寸			5cm×5cm
染色机型					光源要求			D65
来样样品	来样编号	来样色号	坯布型号（规格/成分）	耐洗牢度	摩擦牢度（干/湿）	日晒牢度	升华牢度	耐汗渍牢度	备注
---	---	---	---	---	---	---	---	---	---
	T01812	黑色	全棉府绸	3-4	4	3-4	4	3-4	要求测试pH值
	T01813	灰色	全棉府绸	3-4	3-4	3-4	4	3-4	要求测试pH值
	T01814	深紫色	全棉府绸	3-4	3-4	3-4	4	3-4	要求测试pH值
	T01815	棕黄色	全棉府绸	3-4	3-4	3-4	4	3-4	要求测试pH值
	T01816	红色	全棉府绸	3-4	3-4	3-4	4	3-4	要求测试pH值

备注:客户要求。1. D65光源下对样,不能发生跳灯。2. 送样时要求提供牢度检测数据。

主管批示:	签字:　　　　年　月　日	签收	签字:　　　　年　月　日

表 3-3-2 印花打样通知书

客户	ABC公司	单号		T018-12	来样时间	
花型编号	花型1 花型2	使用坯布		全棉平布	坯布成分	100%棉
印花方式		套色数量			建卡时间	
来样样品		来样编号	坯布型号 （规格/ 成分）	耐洗 牢度	摩擦 牢度 （干/湿）	日晒 牢度	升华 牢度	耐汗渍 牢度	备注
		T081817	全棉平布	3-4	4	3-4	4	3-4	要求测试 pH值
		T081818	全棉平布	3-4	3-4	3-4	4	3-4	要求测试 pH值
备注:客户要求:1. D65光源下对样,不能发生跳灯。2. 送样时要求提供牢度检测数据。										
主管批示:	签字: 　　年　月　日			签收		签字: 　　年　月　日			

二、手织样跟单

打样坯布要与大货一致,杜绝使用其他规格的坯布进行打样。在打样中,如有与大货一致的坯布可直接进行打样;如没有坯布,需先打手织样。

由于客户所需的染色、印花样没有相应的坯布,王雷对手织样的打样进行跟单记录。在此过程中,王雷需要注意所打手织样的规格、克重、风格等是否与客户来样一致。

表3-3-3　手织样工艺单

产品名称：			年　　月　　日		
成品规格	门幅(外/内)　　/cm;密度:　　根/cm;重量:　　G/M(　　g/m²)				
坯布规格	门幅(外/内)　　/cm;密度:　　根/cm;重量:　　G/M(　　g/m²)				
成分含量					
钢扣	内幅　　cm+边　　cm×2=外幅　　cm				
	筘号　　羽/cm　内经穿入　　根/羽(内筘齿　＋　　×2)				
经丝数	内经　　根+边经　　根×2=总经　　根				
经组织	甲经	根			G/M
	乙经	根			G/M
	丙经	根			G/M
	丁经	根			G/M
		根			G/M
		根			G/M
纬组织	甲纬	根			G/M
	乙纬	根			G/M
	丙纬	根			G/M
	丁纬	根			G/M
上机工艺	基本组织:			合计:	G/M
	综片数(内综)　片　(边综　片)			上机纬密:　　根/cm	
	穿综法(内经)		纹版法(内经)	边组织:	
				边筘号:羽/cm,边筘齿:×2	
				边经数:　　×2	
				穿边:	
				根1综,综1筘(筘×2)	
				根1综,综1筘(筘×2)	
经排				备注:	
纬排					

设计:　　　　　　审核:　　　　　　　　　审批:

三、染色(印花)打样跟单

1. 常规面料染色(印花)打样跟单。

印染生产的打样工作,主要有打色样和打印花小样。

(1)打色样即将手织样染上颜色,也称上色。

(2)打印花小样就是将染料或涂料制成色浆,施敷于手织样上印制出有花纹图案的加工过程。印花比染色复杂。

对于常规面料的染色印花打样,染厂可直接打颜色样或S/O样给客户确认。

常规面料,如府绸、平布、纱卡、涤塔夫、乔其、汗布、罗马布等常规风格的坯布。如:全棉府绸印花布(见图3-3-1)的规格见表3-3-4。

图3-3-1　全棉府绸印花布

表3-3-4　棉府绸印花布的规格

品名	棉府绸印花布
成分	100% 棉
纱支	$40^s \times 40^s$
密度	133×72
门幅	145cm
克重	$125g/m^2$
织物组织	平纹
染整工艺	印花

全棉纱卡(见图3-3-2)的规格见表3-3-5。

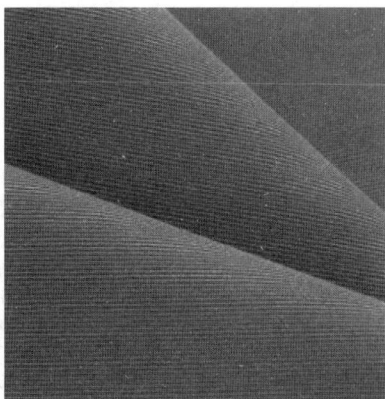

图3-3-2　全棉纱卡

表3-3-5　棉府绸印花布的规格

品名	全棉纱卡布
成分	100% 棉
纱支	$21^s \times 16^s$
密度	128×60
门幅	150cm
克重	$240g/m^2$
织物组织	斜纹
染整工艺	染色

打样的时间要求:染色小样(烧杯样)数量在5个样以下,1—2天内打好样品送交客户,5个以上应在3天内交齐;印花样依据数量的多少以及复杂程度,包括制版时间在内,应在7—10天内交齐。如遇特殊样品或比较难打的样品,应及时与客户沟通,争取客户的谅解,适当延长打样时间。

在打样过程中,跟单员王雷需要核对打出的小样,颜色和花型是否与客户来样一致或相近。如相差太大,应及时重新打样。

2. 特殊面料染色(印花)打样跟单。

对于一些风格特殊的面料(见图3-3-3、图3-3-4所示),或客户对手感有特殊要求的面料,跟单员在进行打样跟单时,按照大货流程打出几米颜色样或印花样,以便更好地观察面料风格,感受成品的手感,方便客户确认的同时也为后面的生产创造有利条件。

图3-3-3　竹节布　　　　　　　　　　图3-3-4　绉布

拓展提升

面料印花有以下几种类型。

1. 转移印花。

转移印花(见图3-3-5),先以印刷方式将染料制成色墨(染料和印刷油墨调制而成的印花着色剂)印到转移纸上(也可以用平网印花方法印制),称为花纸。而后将要印花的织物和花纸正面相贴,一起进入转移印花机,在一定的温度和压力下,将花纸上染料转印到织物上去,从而在织物上形成花纹图案。

图3-3-5　转移印花

2. 拔染印花。

拔染印花(见图3-3-6)是指先进行纺织品染色,而后对该纺织品进行印花的一种加工方法。

印花色浆中必须含有能破坏底色染料的化学药剂(称为拔染剂),然后经适当的处理后,印上色浆处的底色被化学反应所破坏,再经洗涤除去浆料以及经化学作用后被破坏了的染料残体,使印花的花型呈白色,称为拔白印花;另外,如在含有拔染剂的色浆中同时加入不会被该拔染剂破坏的染料,印花时该染料在花型拔白的部分着色,则称为色拔印花。

拔染印花能使纺织品获得浓艳的底色、精细的花纹及鲜艳的色彩效果。

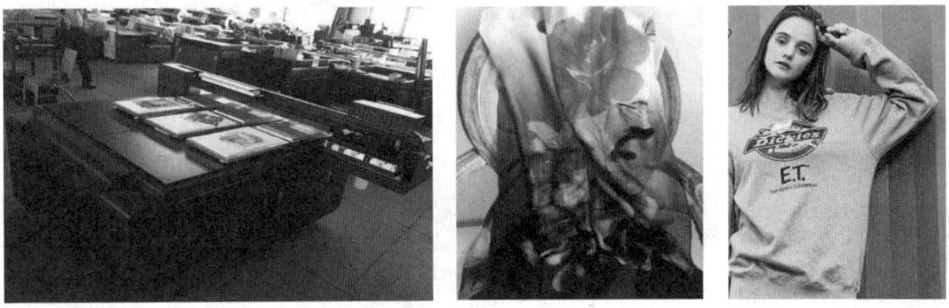

图3-3-6 拔染印花

3. 平网印花。

平网印花(见图3-3-7)前,首先要准备筛网及筛框。筛网上有花纹的地方呈镂空的网眼,而无花纹处的网眼呈堵塞状态。印刷时印花色浆在刮刀压力的作用下,透过网眼而印到纺织品上形成花纹图案。平网印花生产效益低,但适应性广,应用灵活,适合小批量多品种的生产。

图3-3-7 平网印花

4. 圆网印花。

圆网印花(见图3-3-8),是将平网做成圆筒形进行印花。印制时,印花色浆从圆筒内透过网眼印到纺织品上。该法既具有滚筒印花连续运转且印制速度快的特点,又因纺织品是在松式状态下印制的,故适用于多种纺织品的印花,现已被印染厂广泛采用。

图 3-3-8　圆网印花

5. 颜料印花。

颜料印花(见图3-3-9),又叫涂料印花,是使用高分子化合物作为黏合剂,把颜料机械地黏附于织物上,经后处理后获得具有一定弹性、耐磨、耐手搓、耐褶皱透明树脂的花纹和印花方法。颜料印花可用于任何纤维纺织品的加工,在混纺、交织物的印花上更具有优越性,且工艺简单、色谱较广、花型轮廓清晰,但手感不佳,摩擦牢度不高。

图 3-3-9　颜料印花

6. 水浆印花。

所谓水浆,是一种水性浆料。将水浆印在衣服上,手感不强,覆盖力也不强,只适合印在浅色面料上,价格比较平,是一种较低档的印花种类。但它也有一个优点,因为比较不会影响面料原有的质感,所以比较适合用于大面积的印花图案。其特点是手感柔软、色泽鲜艳。水浆印花见图3-3-10。

图 3-3-10　水浆印花

7. 油墨印花

乍一看,油墨和胶浆没很大区别,但是胶浆印在光滑面料,比如风衣料上的时候,一般色牢度很差,用指甲大力刮就能刮掉,而油墨能够克服这个缺点。所以,做风衣的时候,一般用油墨来印,其特点是色泽鲜艳,形象逼真。油墨印花见图3-3-11。

图3-3-11 油墨印花

思考题

1. 打样通知书的含义是什么?

2. 为什么要打手织样?

3. 对染色印花跟单分哪几种?

4. 面料印花分类有哪些?

任务四　样品整理报送及确认

任务情境

绍兴天元公司将打好的样品交给王雷,需要王雷将样品寄给客户批复。

工作任务

王雷将打好的样品进行整理,然后将整理好的样品以及打样通知书一并寄给客户,并发邮件告知客户所寄样品种类及单号。

打好的样品需做好整理、记录、编码、存档等工作,由跟单整理后报送给客户批复。

一、样品整理

1. 样品整理及选样。

(1)染色样的整理:染色样应制作成样品卡,方便客户批色和保管。在样卡中,应注明色号、色名、编号、送样日期、对色光源、色牢度等有关技术数据。色样剪裁要整齐平整,尺寸大小要符合客户要求,将裁剪好的色样牢固粘贴在色样卡上,以防脱落。

(2)印花样的整理:印花样品的大小,应视花型的大小而定,通常对于循环面积较小的花型(或小碎花型)至少应有 50cm×50cm 的面积;大花型应至少有一个完整花型循环面积。印制好的样品应注明花型编号、印版编号、客户名称、套色、订单号等内容。

2. 填写送板卡及贴样。

王雷根据客户要求,将染色样和印花样按要求剪好后进行贴样,如表3-4-1、表3-4-2。

表 3-4-1 染色样卡

对色光源					色牢度			
普通灯		INCA				棉沾色	湿摩擦牢度	
D65	√	UV		水洗牢度	尼龙沾色		干摩擦牢度	
TL84		F				变色	日晒牢度	
CWF		Horizon		汗渍牢度		沾色		
D75		U30				变色		

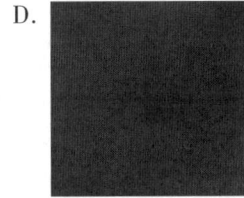

A.

B.

C.

D.

客户确认意见:

　　　　　年　　　月　　　日

客户名称:　　　ABC公司　　　

订单号:　　　T018-12　　　

客户色号:　　　C#3　　　

工厂色号:　　　C#3　　　

品种规格:　　　全棉府绸　　　

送样时间:

表3-4-2　印花样卡

客户名称	ABC公司
单号	T018-12
花型名称	花型1
花型编号	T081817
印花方式	圆网印花
套色数	4套
坯布规格	全棉平布
送样时间	
贴样区	
客户确认意见	

3. 样品的保管。

将样品和送样通知书进行核对,准确无误后按顺序折叠整齐,放入包装袋中,对样品应采取防潮、防水、防污浊措施,保证样品的准确性。

二、填制送样通知书及样品报送

送样通知书是一份重要的跟单资料,既方便客户收样和批复,又方便企业登记和管理。送样通知书上要清楚表示出所送样品的客户名称、单号、样品编号(色号)、送样时间等内容,随同样品一起寄给客户。

王雷认真填写了送样通知书(如表3-4-3),并根据客户的要求,将已经准备好的染色色卡和印花色卡进行整理排序,并与送样通知书进行核对,确认无误后放入包装袋寄给客户,并及时通知客户寄样情况。

表 3-4-3 送样通知书

兹将下列染色小样(印花小样)送交贵客,请即批复为盼!

客户名称:ABC公司			单号:T018-12	
地址:				
编号	订单号	颜色(花型)	色号(花型号)	客户评语
1	T018-12	黑色	C#1	
2	T018-12	灰色	C#2	
3	T018-12	深紫	C#3	
4	T018-12	棕黄	C#4	
5	T018-12	红色	C#5	
6	T018-12	花型1	A#1	
7	T018-12	花型2	A#2	
8				
9				
10				

三、样品批复跟进

客户在批复样品过程中。跟单员要及时跟进。如果客户批复样品时间过长,会影响大货的进程。因此在此期间,跟单员要做好与客户的沟通工作,促使客户及时回复。

对于客户确认的样品,跟单员要及时与染厂研发部门和生产部门沟通。对于客户否认的样品,跟单员应要求研发部门根据客户的要求尽快安排重新打样。

打样与确认是一个反复的过程,最终目的是让客户确认所有样品,为大货生产打好基础。所以在此过程中,跟单员起到至关重要的作用,要注意与客户的沟通,密切跟进样品的批复进程。

四、建立样品资料库

客户确认的样品应建立样品资料库,将客户的原样及客户确认样集中统一存放,可以建立资料夹,按客户名称、订单号、样品编号(色号、版号)进行保管;同时将客户和样品确认书附在每一订单的样品资料中,以便查询检索。

样品资料不仅有颜色样和印花样,还包括客供样(如大货质量样、大货手感样、大货风格样、大货规格样等),应进行妥善保管,必要时采取防潮、防霉变、防虫蛀等措施,专门建立样品存放室并设专人统一管理。将样品资料登记建卡,借阅查看要有相关的记录,从而达到统一管理、资源共享的目的。

思考题

1. 跟单员在样品整理过程中的注意事项。

2. 在样品整理及报送过程中跟单员的主要工作有哪些?

项目四 染厂选择与合同签订

任务一 面料染整厂的选择

任务二 合同基础知识

任务三 签订合同

对面料染整厂的选择和管理直接关系到外贸企业的运营,所以外贸企业选择面料染整厂时要坚持原则,根据内外部条件对其进行综合评价。在实际经营过程中,外贸企业一般先与面料染整厂签订合同,然后完成面料生产和出口业务。

任务一　面料染整厂的选择

任务情境

阳光公司与欧洲ABC公司签订外销合同后,跟单员王雷寻找了一家能在规定时间内保质保量完成订单的公司——绍兴天元纺织印染有限公司(简称天元公司),并与之签订了面料染整合同。

工作任务

阳光公司跟单员王雷搜索合适的面料染整厂,并找到了能保质保量完成此订单的印染公司。

一、面料染整厂选择概述

面料染整厂是指为纺织服装企业生产提供原料、产品、设备及其他资源的生产型企业。它是在中国境内外注册的企业法人。

面料染整厂是纺织服装公司及外贸企业等持续经营过程中重要的合作伙伴,对纺织服装公司及外贸企业的经营和发展起着十分重要的作用。面料染整厂的选择,直接关系到外贸企业的采购成本和运作效率,也是决定外贸企业综合竞争力的重要因素。因而面料染整厂的选择和管理也是跟单员在实际工作中应当重视的问题。

二、面料染整厂选择的原则

面料染整厂选择的总原则是全面、具体、客观。建立和使用一个全面的染整厂综合评价指标体系,对面料染整厂做出全面、具体、客观的评价,通常从以下几方面进行考虑:面料染整厂的经营业绩、设备管理、人力资源开发、质量控制、成本控制、技术开发、用户满意度、售后服务等可能影响供应链合作关系的方面。

在面料染整厂选择过程中需考虑报价因素,虽然很难从表面知道合作伙伴的面料价格到底合理不合理,但是面料的定价是有依据的,我们可以通过对面料生产过程中与面料定价有关联的因素(见表 4-1-1)进行大概的判断。

表 4-1-1　影响面料价格的因素

坯布原因	a. 织机不同	梭织机织的布会有相对比较多的停车档,价格最低;剑杆织机比梭织机织的布,停车档有所减少,价格略高;喷气织机对纱线要求比较高,所以喷气织机生产的布相对较好,价格略高
		不同品牌的织机也不一样,采用西德进口迈耶大圆机,织造出更高支数,更高针数的面料,其织物缩率更稳定、条干更均匀、纹理更清晰,手感细腻而独特,可打造品牌的高品质面料
	b. 用纱不同	纱线分普梳、精梳,精梳会将纤维中的杂质和短纤维去除,比普梳布面干净,条干清晰,且布的强力比较好;纱线根据纺纱工艺的不同,分为转杯纺、喷气纺、涡流纺、环锭纺和紧密纺 采用精梳紧密纺纱线织造出来的面料更紧密、更挺拔、更平整、更光滑,毛灰更少,是优质衣服的优选面料
染费	a. 染厂的规模不同	一般来说,较大的管理规范的染厂的染费会比小厂要高一点
	b. 染厂的技术水平工艺不同	水平高的染厂染费高,面料质量也高
	c. 染料的原因	环保性能高的,可以确保符合检测要求的,染费会比较高;反之,则比较低 当然染料方面,没有对比,光凭肉眼是看不出来的。染费这一块,在 0.2—1.5 元之间不等
含税不含税的区别		一般来说,像市场,现金成交比较多的,习惯报不含税价格;而公司做定单的,会比较倾向于报含税的价格。含税不含税的可以相差 3—10 个百分点,当然每个企业的情况也不同
包装方式		匹装比卷装略微便宜一点
利润因素		对采购量大、要求一般的客户,利润率会相对较低;对于量比较小、求精的客户,利润率就会相对高一点

三、面料染整厂选择的流程

面料染整厂选择的优劣,将直接关系到外贸企业的经营质量高低。因此,必须要严格对面料染整厂进行考核,从中选出真正可以长期稳定合作的战略伙伴。一般来说,面料染整厂选择的基本流程如下。

1. 分析供方市场环境。

结合本企业自身发展现状,对企业的市场环境进行全面的分析,充分了解国内外有关本产业相关政策的发展动态和趋势,以及市场的需求,从而确定面料染整厂的范围。

2. 成立面料染整厂评定小组。

由于面料染整厂的评价指标涉及企业的各个层面,所以面料染整厂的评价选择不只是由采购部门全权负责,而应该由采购部门主导,联合技术部门、品质管理部门成立一个跨部门的评价小组,分别对有关评价因素进行评价分析。

3. 确定面料染整厂的选择范围。

划定面料染整厂的选择范围主要通过三种方式。首先是企业已有的面料染整厂;其次是新的未曾合作的面料染整厂;最后是新开发的面料染整厂。企业应根据自身情况进行选择。

4. 对面料染整厂进行分类。

根据面料染整厂的资金、规模、信用情况和在行业中的影响力对其进行分类,以降低企业进行面料染整厂选择的成本和风险,提高选择效率。

5. 综合评价。

对面料染整厂的综合评价是整个面料染整厂选择的核心工作,需要建立一套完整的面料染整厂选择评价指标体系,并根据调查收集的资料对各个面料染整厂的相关指标进行赋值,得出各面料染整厂的总体成绩,以成绩高者作为合作伙伴。

四、建立纺织品面料染整厂评价体系

建立健全纺织品面料染整厂评价体系,是科学正确地选择合格的面料染整厂的前提条件。外贸企业可以根据实际情况,对纺织品面料染整厂的质量管理体系、资源管理与采购、产品实现、设计开发、生产运作、销售服务等方面进行现场评审和综合分析评分。根据对以上各要素的满意程度,按照从不具备要求到完全符合要求且结果令人满意,分为若干个分数区段,以得分高低作为评价面料染整厂的基本依据。

面料染整厂的评价体系不是一成不变的。为了更有效地选择最适合的面料染整厂,还要根据行业、企业、产品需求和竞争环境的不同,而采取不同的细化指标,对面料染整厂进行评价。这样,一方面可以做到与时俱进,紧跟时代潮流;另一方面,可提高选择的灵活性和增强可操作性。这样的体系称为动态面料染整厂评价体系。

五、面料染整厂选择的外部条件

选择合适的面料染整厂对于外贸企业来说非常重要。跟单员在具体工作过程中,可以从面料染整厂的外部条件和内部条件来确定其是否可以作为合适的供应商,在此基础上逐步建立合作关系。

对面料染整厂基本资质的考察是确定面料染整厂的首要步骤。在面料染整厂选择过程

中,首要工作就是核查其是否具备相应的资质条件,是否具有相应的供货能力,能否保质保量地满足企业的需求,从而确定其是否可以作为备选供应商。

考察面料染整厂的资质,可从以下几方面入手。

1. 对企业基本信息的认定。

企业的性质、注册资本,以及是否具有独立法人资格等相关信息,是认识和了解企业最为重要的方面。类似企业注册登记时的名称、住所、法人代表或主要负责人的姓名、经济性质、经营范围、经营方式、注册资本、从业人数、成立时间、分支机构等项目,都可以从其在工商行政管理部门的注册登记表上获得(见表4-1-2)。核实染整厂的身份是选择面料染整厂的一个重要环节,它是全面了解和认知其供货能力的一个重要依据,千万不能因为贪图一时方便而忽略了这一步。

表4-1-2 面料染整厂资质考察要件

面料染整厂资质考察要件	1. 企业法人营业执照(当年已在工商局年检)
	2. 组织机构代码证(当年已在技术监督局年检)
	3. 税务登记证(包含国税和地税登记证,两者均于当年进行过年检)
	4. 被授权人身份证及授权委托书
	5. 生产许可证、计量许可证、消防产品许可证,及从事国家强制认证产品制造的生产许可证
	6. 鉴定报告(省部级、鉴定、抽样及其他)
	7. 产品代理授权书(经销单位提供)、合作生产协议书
	8. 财务报表:经会计师事务所审计的近三年资产负债表、损益表、现金流量表
	9. 质量体系认证证书
	10. 企业银行资信等级证书等

应当注意的是,染整厂提供的资质证明文件须真实合法,且在已核准审验的有效期内。以上资料原件现场查验后退回,复印件需要加盖企业公章存档。

2. 对面料染整厂信用的调查。

面料染整厂的信用度直接决定了其可信度与可靠性。面料染整厂信用度的高低直接关系到合作的成功与否,关系到原辅材料的质量、交货日期、售后服务等维系企业生产经营最直接的要素。

企业信用的调查方法见表4-1-3。

表4-1-3　企业信用调查方法

企业信用调查方法	通过金融机构或银行对客户进行信用调查	优点:可信度高,所需费用少 不足:很难掌握客户全部资产情况和具体细节,因可能涉及多家银行,所以调查时间会较长
	利用专业资信调查机构进行调查	能够在短期内完成调查,费用支出较大,能满足公司的要求。同时调查人员的素质和能力对调查结果影响很大,所以应选择声誉高、能力强的资信调查机构
	通过行业组织进行调查	可以进行深入具体的调查,但往往受到区域限制,难以把握整体信息
	询问法	可通过询问同事或委托同事了解客户的信用状况,或从新闻报道中获取客户的有关信用情况

3. 信用调查的内容。

面料染整厂信用调查的内容见表4-1-4。

表4-1-4　面料染整厂信用调查的内容

项目	信用调查内容
对面料染整厂经营状况的调查	1. 面料染整厂的总体经营状况 2. 面料染整厂的声誉、形象 3. 面料染整厂对自己所在的行业是否非常了解 4. 面料染整厂对市场的情况是否非常了解 5. 面料染整厂是否有具体公司战略或者竞争战略 6. 面料染整厂公司的内部管理 7. 面料染整厂是否具有成熟的公司文化,各部门之间的协作精神
对面料染整厂财务现状的调查	1. 面料染整厂手中的现金是否充足 2. 面料染整厂是否持票据贴现 3. 面料染整厂是否有延期支付债务 4. 面料染整厂是否出现预收融资票据的情况 5. 面料染整厂是否有为融资而低价抛售的情况,面料染整厂是否有提前回收赊销款情况 6. 面料染整厂是否开始利用高息贷款 7. 面料染整厂与银行的关系是否变得紧张 8. 是否有其他债权人无法收回其货款 9. 面料染整厂银行账户是否已被冻结

对信用调查结果的处理。信用调查完成后,及时编写客户信用调查报告。对于信用状况恶化的面料染整厂,要采取措施。如要求其提供担保人或连带担保人,增加信用保证金,

或将交易合同进行公证,减少供应量或实行发货限制,或者接受抵押等措施进行防范。

六、面料染整厂选择的内部条件

分析面料染整厂的内部条件(见表4-1-5),是为了结合外部条件分析的成果,正确对供应商进行选择。

1. 对面料染整厂进行内部条件评估的主要内容。

表4-1-5　面料染整厂内部条件评估内容

面料染整厂内部条件评估	企业基本情况分析	包括对企业领导状况,企业经营目标与经营方针(发展目标、生产方针、销售政策、财务制度等),长远计划及组织结构等进行分析
	生产分析	包括对生产概况、生产计划、工序管理、作业管理、质量管理、文明生产,还有搬运、工艺、设备、动力管理等的分析
	市场销售分析	包括对市场调查与信息反馈、市场占有情况、销售计划、产销衔接销售渠道、销售策略、促销活动、广告宣传等的分析
	研究开发能力分析	包括对技术开发人员结构及分布使用情况、技术手段、研究开发能力、科研经费和开发组织等的分析
	财务状况分析	主要分析企业的盈利能力,包括资金利润率分析和盈亏分析等

2. 面料染整厂的优势。

通过上面列举的项目可以看到,对面料染整厂进行内部条件分析的内容比较多,只要某种条件或资源对供应商经营有利,且强于其他竞争对手,就可将其列为优势。反之,则为劣势。

以下是结合面料染整厂内部条件的分析内容,列举出常见的六项竞争优势(见表4-1-6)。

表4-1-6　染整厂竞争优势

成本优势	本企业的生产制造或其他营运成本,相对于竞争对手较低,就形成成本优势。形成低成本的原因,有的是有独特的原料来源,有的是自动化程度较高而节省的人力资本,也有的是土地、厂房购入价格低廉而成本低等
品质优势	指一般所说的产品质量优势。如果企业的产品质量较高且被客户认同,那么这种产品(或服务)的品质就可以成为竞争优势。在条件大致相同的情况下,客户会以较高价格购买有品质保证的产品
效率优势	也就是企业的全员劳动生产率。生产效率或经营效率越高,企业的相对成本就越低,自然增强了竞争优势
规模优势	规模越大,成本也就越低。规模经济在市场竞争中的优势表现得比较突出。单以刊登广告来说,规模大的企业登一次广告,分摊在每一个产品身上的广告费用就少

技术优势	某些企业在市场上竞争,靠的不是成本与品质,而是以拥有别人所没有的技术,生产出别人所不能生产的产品,由此也可以生产出成本最低或品质最高的产品,从而拥有成本优势或品质优势
员工优势	企业职工的凝聚力、团结合作的状况以及士气的高低,会直接影响产品的生产与效率。自觉自发的员工,可减少企业的管理成本;认真负责又能团队合作的员工,可减少浪费,提高效率

对不同行业的企业,其企业内部条件也不尽相同。企业内部条件分析的重点是产品、市场和财务。通过对这些重点内容的分析,并找出它们的影响因素,就可以使我们对供应商的内部条件分析更具体、更有效。

七、对面料染整厂经营能力的评价体系

为了更好地发挥面料染整厂在外贸企业经营链条中的作用,需要对染整厂的可持续经营能力进行评价(见表4-1-7),从而确定其可否作为长期合作的战略伙伴。

所谓经营能力,就是企业对包括内部条件及其发展潜力在内的经营战略与计划的决策能力,以及企业上下各种生产经营活动的管理能力的总和。

表4-1-7　面料染整厂的经营能力评价指标体系

染整厂经营能力评价指标	反映企业综合效益或收益的指标
	企业产品市场力水平或市场地位的指标
	企业生产力和技术水平的指标
	企业可比成本升降率
	企业的战略目标和计划的完成率
	企业经营管理水平升降率
	企业的价格水平
	人员能力
	质量控制能力
	企业信誉

通过对以上指标的分析,可以对面料染整厂的经营能力、可持续发展能力做出明确的判断,以确定其可否作为长期的战略合作伙伴。

任务二　合同基础知识

任务情境

阳光公司跟单员王雷确定绍兴天元纺织印染有限公司(简称天元公司)作为此订单的面料染整厂,并与之签订染整合同。

工作任务

阳光公司跟单员王雷在与天元公司签订合同之前,要明确合同签订时的注意事项。

一、合同的含义

1. 合同概念。

合同是当事人或当事双方之间设立、变更、终止民事关系的协议。广义合同是指所有法律部门中确定权利、义务关系的协议。狭义合同是指一切民事合同。最狭义合同仅指民事合同中的债权合同。

《中华人民共和国民法通则》第八十五条:合同是当事人之间设立、变更、终止民事关系的协议。依法成立的合同,受法律保护。《中华人民共和国合同法》(以下简称《合同法》)第二条:合同是平等主体的自然人、法人、其他组织之间设立、变更、终止民事权利义务关系的协议。婚姻、收养、监护等有关身份关系的协议,适用其他法律的规定。

2. 合同形式。

合同形式,是指当事人合意的外在表现形式,是合同内容的载体。我国《合同法》第十条:当事人订立合同,有书面形式、口头形式和其他形式。法律、行政法规规定采用书面形式的,应该采用书面形式。当事人约定采用书面形式的,应当采用书面形式。

经济合同的形式是指经济合同当事人之间明确权利义务的表达方式,也是当事人双方意思表示的表现方法。根据《中华人民共和国经济合同法》(以下简称《经济合同法》)规定,经济合同的形式主要有口头形式和书面形式两种。

口头形式是指当事人双方用对话方式表达相互之间达成的协议。当事人在使用口头形式时,应注意只能是及时履行的经济合同,才能使用口头形式,否则不宜采用这种形式。

书面形式是指当事人双方用书面方式表达相互之间通过协商一致而达成的协议。根据《经济合同法》的规定,凡是不能及时清结的经济合同,均应采用书面形式。在签订书面合同时,当事人应注意,除主合同之外,与主合同有关的电报、书信、图表等,也是合同的组成部分,应与主合同一起妥善保管。书面形式便于当事人履行,便于管理和监督,便于举证,是经济合同当事人使用的主要形式。

3. 合同的成立与生效。

根据《合同法》的规定,依法成立的合同,自成立时生效。其中,合同的成立是指双方当事人依照有关法律对合同的内容和条款进行协商并达成一致。合同成立的判断依据是承诺是否生效。而合同生效,是指合同产生法律上的效力,具有法律上的约束力。通常合同依法成立之际,就是合同生效之时。两者在时间上是同步的。

但是,《合同法》还规定,法律、行政法规规定应当办理批准、登记等手续生效的,合同经批准、登记后即生效。合同生效应同时具备四个条件:

第一,双方当事人应具有实施法律行为的资格和能力。

第二,当事人应是在自愿的基础上,双方达成的意思应一致。

第三,合同的标准和内容必须合法。

第四,合同必须符合法律规定的形式。

4. 合同的法律约束力。

合同的法律约束力,应是法律赋予合同对当事人的强制力,即当事人如违反合同约定的内容,即产生相应的法律后果,包括承担相应的法律责任。约束力是当事人必须为之或不得为之的强制状态,约束力或来源于法律,或来源于道德规范,或来源于人们的自觉意识。当然,源于法律的约束力,对人们的行为约束最强。

合同的约束力主要表现为:

首先,当事人不得擅自变更或者解除合同;其次,当事人应按合同约定履行其合同义务;最后,当事人应按诚实信用原则履行一定的合同外义务,如完成合同的报批、登记手续以使合同生效。不得恶意影响附条件法律行为的条件的成就或不成就,不得损害附期限法律行为的期限利益等。

(1)自成立起,合同双方当事人都要接受合同的约束;

(2)如果情况发生变化,需要变更或解除合同时,应协商解决,任何一方不得擅自变更或解除合同;

(3)除不可抗力等法律规定的情况以外,当事人不履行合同义务或履行合同义务不符合约定的,应承担违约责任;

（4）合同书是一种法律文书，当事人发生合同纠纷时，合同书就是解决纠纷的根据。依法成立的合同，受法律保护。

二、认识合同

合同的构成要件及说明。

1. 合同名称。

合同的名称要做到言简意赅，。如果是常用的合同类型尽量采用它们习惯性的名称；如果是不常用的，或者要拟定的合同有特殊情况需要突出的，可以根据具体情况自拟合同名称，但要注意用语的明了和准确。

2. 合同编号。

合同编号的目的主要是方便对合同的查找和管理。在企业和机构中，由于相同名称的合同大量存在，为方便合同的查找和管理，要按一定的规则给合同编号。合同编号的规则没有统一的规定，只要便于查找和管理就可以。如果只是个人偶尔签订的合同，很少存在重复，就没有必要编号了。

3. 合同签约方。

合同的签约方是合同的必备条款，也是重要条款，该条款不仅仅是注明签约方的名称，还包括代称（甲方、乙方等）、法定代表人（适用于以企业为签约方）、身份证号码（存在同名情况，方便区分）、职务（适用于以企业为签约方，法律对企业法定代表人的资格有一定的限制，如不具有一定的职务，要担当企业的代表人就需要企业出具委托书或其他证明）、代理人、地址、邮政编码、电话、传真、电子信箱、银行账号（特别是以金钱为给付任务的合同）。当然，这些项目要根据合同具体的需要灵活选取。

4. 自愿立约条款。

法律规定合同的签订若是存在胁迫、重大误解等非自愿的情况，合同便可以被撤销，在合同中约定自愿立约条款，承诺立约的自愿性，便可以有效地保证合同的效力。

5. 目的条款。

合同的目的条款在合同中具有重要作用，尤其是在合同的其他条款约定不明或遗漏的时候，合同的目的条款便可以用来解释合同的其他条款，并可以为遗漏的条款指明可以使用的合同的习惯性规定。

6. 标的物。

标的物是合同权利和义务的载体，约定明确的合同标的物，合同的权利和义务也就相应地增加了确定性。在约定标的物条款时，要根据具体情况约定标的物的种类、数量、型号、颜色、产地、重量、质量等信息。总之，要使标的物尽量准确，保证合同目的的实现。

7. 权利条款。

在约定权利条款时,要注意全面地顾及从合同着手订立到合同履行完毕的全过程,对每一个需要控制对方的环节都要约定自己相应的权利,同时约定对方相应的义务,从而保证对合同过程的控制,顺利实现合同目的。此外,在约定合同权利的时候,要注意自己所享有的权利与所要履行的义务的平衡,以及对方所享有的权利与所要履行的义务的平衡,不使权利和义务失去平衡,使得一方负担过重,影响合同的订立。一定意义上,合同要达到互利的目的。

8. 义务条款。

参照权利条款说明。

9. 交付条款。

在此条款中要约定交付标的物的时间、地点、需提交的凭证、交付的对象、因交付行为所产生的成本费用的承担等项目,要根据合同的具体情况灵活选定约定的项目。

10. 验收条款。

要严格按照对合同标的物的约定拟定验收条款,对于不符合合同标的物的交付要约定相应的处理办法,如拒收、提存、标的物损失的承担等。

11. 保密条款。

在合同双方的合作中往往会知晓相对方的一些机密。如果对这些机密保护不当,很有可能给机密相关的签约人造成不必要的损失。为此有必要对相关的机密做好保护,如重要的生产技术、客户资源、产品来源地、产品成本等等。

12. 保证条款。

可用来使签约人声明保证提供材料的真实性,保证自己具有签约的能力,保证履行合同等情况,使那些较难控制的事项得以确定,一旦违反便可据此追究责任。

13. 声明确认条款。

参考上一条款说明。

14. 违约责任条款。

约定违约的类型,承担违约责任的方式,赔偿的范围、数量,测算赔偿数量所依据的标准等。

15. 合同变更、解除、终止、续展条款。

由于合同是面向未来的,而未来又面临着许多的不确定性。为了不使自己在出现特殊情况导致履行合同已无可能,或者明显违背合同订立的目的,可能使自己遭受重大损失时,不致受到既定合同约定的刻板限制,这时需要事先预测自己在合同履行过程中可能遇到的特殊情况和风险,对合同的变更、解除、终止、续展的条件做出约定。

16. 担保条款。

合同签约一方可能对另一方的履约能力不够信任,为此,要引入适当的保证。在约定保证条款时,要说明保证的种类、期限、范围,连带或一般保证,担保物的交付,保存,担保物品受损灭失的责任承担,担保物的提存,保证人的基本信息和联系方式等。

17. 不可抗力条款。

主要约定自身所可能遇到的特殊的不可抗力,其他有关不可抗力的规定可以参照法律的相关规定,不在合同中约定也可以。

18. 通知条款。

合同的双方会有密切的往来与合作,对相关事项的及时准确通知是保证合作关系的重要基础,要对需要通知的事项、通知的时间、方式、未尽通知义务的责任等明确约定。

19. 其他条款。

要根据合同的具体情况补充相关约定。

20. 生效条款。

合同的生效意味着合同所约定的权利义务开始对签约人产生效力,对合同生效的时间、条件做出明确的约定,增加了合同的确定性,减少了纠纷的可能性。

21. 有效期限条款。

此条款使得合同对签约人的限制适时解除,在拟定合同时要注意明确约定。

22. 争议解决条款。

解决争议的方式、地点对于签约人可能意味着不同的胜算几率和成本支出。为此,要尽量争取对自己有利的争议解决方式和地点。

23. 解释条款。

合同中的有些用语可能存在多种含义或者含义不够明确。为保证合同的准确性,有必要对这些条款做出必要的解释。当然,对于含义明确的合同用语就无须解释了。值得一提的是,由于不同的人去解释,合同用语的含义可能会有不同,对签约方的影响也会不同。为此,要尽量争取自己对合同用语的最终解释权,最大限度地保证自己对合同的控制,更好地维护自己的利益。

24. 合同份数。

对合同份数的约定可以强化对合同的管理,也可以防止合同造假,最好在合同中约定本合同的份数、合同的持有人、合同不一致时以哪份合同为准。在此,还要提醒的是,在签订合同前一定要核实几份合同的一致性,如未能核实对方的合同与自己合同的一致性,最好约定,合同不一致时以自己手中的合同为准。当然,前提是你对自己手中的合同内容要详细了解。

25. 签章。

签章关乎合同的效力,签章不仅必不可少,而且在签章的时候还要保证是合同所约定的签约人所签,避免代签,最好对签约过程拍照留证。另外,由于合同可能存在几页纸,为保证合同中的某页不被替换,最好盖上骑缝章,使合同的所有页面成为一个整体。

26. 签约日期。

签约日期通常是合同的成立和生效期,在合同中必不可少。签约时要注意签约日期的准确性,还要注意几份合同的统一性,最后要保证签约日期未被涂改;如涂改,就要重签,或者对涂改处签章说明。

27. 签约地点。

签约地点在合同中意义重大,它关系到合同纠纷的管辖,在涉外合同中还会关乎到合同纠纷所适用的法律,为此要严格约定。

知识加油站

签订合同时应注意的问题

1. 无合同不交易。

经济形势变化导致部分企业不能正常履约,少数企业会利用企业之间合同手续上的欠缺逃避违约责任。完备的书面合同对于保证交易安全乃至维系与客户之间的长久关系十分重要。建议尽可能与客户签署一式多份的书面合同,保持多份合同内容的完全一致并妥善保存。

2. 有行动必留痕。

妥善保管对于证明双方之间合同具体内容具有证明力的下述资料:与合同签订和履行相关的发票、送货凭证、汇款凭证、验收记录、在磋商和履行过程中形成的电子邮件、传真、信函等资料。在合同履行过程中双方变更合作约定,包括数量、价款、交货、付款期限的,也要留下书面凭证。

3. 慎用善用公章。

建议完善有关公章保管、使用的制度,杜绝盗盖偷盖等可能严重危及企业利益的行为。在签署多页合同时,加盖骑缝章并紧邻合同书最末一行文字签字盖章,防止少数缺乏商业道德的客户采取换页、添加等方法改变合同内容侵害权益。

4. 慎用授权文书。

企业业务人员对外签约时需要授权。建议在有关介绍信、授权委托书、合同等文件上尽可能明确详细地列举授权范围,以避免不必要的争议。业务完成后,建议尽快收回尚未使用的介绍信、授权委托书、合同等文件。

5. 离职通知相关客户。

企业业务人员离开企业后,建议在与其办理交接手续的同时,向该业务人员负责联系的客户发送书面通知,告知客户业务人员离职情况。

6. 撤销问题合同注意时效。

如果认为客户在与你签署合同过程中存在欺诈、胁迫行为的,或者事后发现签署合同时对合同内容有重大误解,或者认为合同权利和义务安排显失公平的,可以请求法院撤销合同。但是务必自知或者应当知道撤销事由之日起一年内行使撤销权,否则将失去请求法院撤销合同的权利。当然,在撤销权行使期限内提出的请求是否能得到法院支持,还将取决于所举证据是否充分。

7. 注意定金条款。

在签订合同时可能为了确保合同履行而要求对方交付定金,由于"定金"具有特定的法律含义,请务必注明"定金"字样。如果使用了"订金""保证金"等字样并且在合同中没有明确表述一旦对方违约将不予返还、一旦己方违约将双倍返还的内容,法院将无法将其作为定金看待。

综上所述,当事人在签订合同时需要注意七个方面的内容。首先,尽量签订书面合同。完备的书面合同对于保证交易安全乃至维系与客户之间的长久关系非常重要。要妥善保管对于证明双方之间合同具体内容具有证明力的文件、资料,如发票、送货凭证、汇款凭证等文件。在签署多页合同时,要加盖骑缝章并紧邻合同书最末一行文字签字盖章。要慎用授权文书。企业内部员工离职要通知相关客户。在知道或者应当知道撤销事由之日起一年内可行使合同的撤销权。在签订合同时可能为了确保合同履行而要求对方交付定金,务必要注明"定金"字样。

合同参考模板

购销合同文本格式(举例)。

订购合同

甲方:＿＿＿＿＿＿＿＿＿＿＿　　　　合同编号:＿＿＿＿＿＿＿＿＿＿＿

乙方:＿＿＿＿＿＿＿＿＿＿＿　　　　签订编号:＿＿＿＿＿＿＿＿＿＿＿

　　　　　　　　　　　　　　　　　签订地点:＿＿＿＿＿＿＿＿＿＿＿

现甲方向乙方订购下列产品,具体要求如下:

品种一:纯棉染色机织平纹布　　　　　　　成分:100％棉

成品规格:TC14.3×14.3　　　　133×72　　　　幅宽:110cm

批号	颜色	色号	数量(m)	单价	金额
BT-01	漂白	W0401	1500		
BT-02	粉红	P0402	2000		
BT-03	果绿	G0403	3000		

品种二:纯棉18.2tex 单面针织平纹布　　　　成分:100％棉

成品规格:克重130g/m^2　　　　　　　　　幅宽:160cm

批号	颜色	色号	数量(kg)	单价	金额
BT-01	宝蓝	B0404	500		
BT-02	枣红	R0405	800		
BT-03	浅黄	H0406	1000		

特别要求:剖幅定形,浆切边。

克重范围:125—135g/m^2

品种三:精18.2tex棉＋70D氨纶丝(拉架)罗纹布　　成分95％棉,5％氨纶

成品规格:克重250g/m^2　　　　　　　　　幅宽:70cm(圆筒)

批号	颜色	色号	数量(kg)	单价	金额
BT-01	宝蓝	B0404	25		
BT-02	枣红	R0405	40		
BT-03	浅黄	H0406	50		

特别要求:圆筒定形。

克重范围:245—255g/m²

总金额:人民币(大写)_____

交易条款:

1. 交货时间:请将上述货品于____年____月 ___日之前交付。

2. 交货地点:请将货品交于_____。

3. 运输方式:货品采用_____方式运输,费用由_____方承担。

4. 包装要求:按批号分别包装,不可混批号包装。

5. 质量要求:按_____标准进行验收。

或按下列质量要求进行验收:

(1)色牢度:_____摩擦牢度(干/湿):_____洗水牢度:4级。

(2)强度:_____撕裂强度:_____顶破强度:_____。

(3)环保要求:符合_____标准。

(4)缩水率:机织布:横向±5%　　纵向±5%

　　　　　针织布:横向±7%　　纵向±7%

6. 保险:货品转运过程需进行_____保险,保险费用由_____方负担。

7. 结算方式:甲方预付_____%订金,余款待交货完毕后_____付给乙方,预付金额_____。

8. 违约责任。

9. 仲裁:双方产生贸易纠纷时,依《合同法》进行裁决。

10. 未尽事宜双方另行协商。

11. 备注:此合同一式两份,甲、乙双方各执一份。

甲方:××制衣厂　　　　　　　　乙方:××印染厂

地址:　　　　　　　　　　　　　地址:

联系方式:电话:　　　　　　　　联系方式:电话:

　　　　　传真:　　　　　　　　　　　　　传真:

　　　　　E-mail:　　　　　　　　　　　　E-mail:

　　　　　联系人:　　　　　　　　　　　　联系人:

甲方代表(签字、合同盖章)　　　　乙方代表(签字、合同盖章)

来料加工合同文本格式(举例)

加工合同(加工单)

甲方: <u>××制衣厂</u>　　　　　　　　　合同编号: <u>A-002</u>

乙方: <u>××印染厂</u>　　　　　　　　　签订编号: <u>　　　　　</u>

　　　　　　　　　　　　　　　　　　　签订地点: <u>　　　　　</u>

现甲方委托乙方进行下列产品的加工,具体要求如下:

品种一:涤/棉29.4tex单面平纹针织布　　　　成分:涤纶65%、棉3%

成品规格:克重180g/m^2　　　　　　　　　幅宽;160cm

批号	颜色	色号	加工数量(kg)	加工单价	金额
801	米白	F0401	1000		
802	浅蓝	F0402	2000		
803	玫红	F0403	1500		

特别要求:剖幅定形,浆边(切边)。

克重范围:175—185g/m^2

品种二:纯棉18.2tex单面平纹针织印花布　　　　成分:100%棉

成品规格:克重149g/m^2　　　　　　　　　幅宽:160cm

批号	花形编号	印花套色	加工数量(kg)	加工单价	金额
804	C-1	3	700		
805	C-2	4	500		
806	C-3	5	800		

特别要求:(1)胚布前处理后做浆切边剖幅定形后印花。(2)采用活性染料印花,花型、图案及颜色色号见另附资料。

克重范围:印成成品克重135—145g/m^2

总金额:人民币(大写)<u>　　　　　　　　　　　　　　　　　　　　　</u>

加工条款:

1. 甲方向乙方提供加工单所需坯布,并于____年____月____日交付乙方。

2. 成品交付时间:请将加工后的成品于____年____月____日之前交付。

3. 成品交付地点:请将货品交于_____。

4. 运输方式:_____。

5. 包装要求:按批号分别包装,不可混批包装。

6. 质量要求:按＿＿＿＿＿＿＿＿＿＿＿＿标准进行验收。

或按下列质量要求进行验收:

(1)色牢度:＿＿＿＿＿摩擦牢度(干/湿):＿＿＿＿＿洗水牢度:4级。

(2)强度:＿＿＿＿＿撕裂强度:＿＿＿＿＿顶破强度:＿＿＿＿＿。

(3)环保要求:符合＿＿＿＿＿＿＿＿标准。

(4)缩水率:机织布:横向±5%　　　纵向±5%

　　　　　针织布:横向±7%　　　纵向±7%

7. 保险:货品转运过程中需进行＿＿＿＿＿＿＿＿保险,保险费用由＿＿＿＿＿＿＿＿方负担。

8. 结算方式:甲方预付＿＿＿＿＿＿＿＿%订金,余款待交货完毕后＿＿＿＿＿＿＿＿付给乙方,预付金额＿＿＿＿＿＿＿＿。

9. 违约责任。

10. 仲裁:双方产生贸易纠纷时,依《合同法》进行裁决。

11. 未尽事宜双方另行协商。

12. 备注:此合同一式两份,甲、乙双方各执一份。

甲方:××制衣厂　　　　　　　　　乙方:××印染厂

地址:　　　　　　　　　　　　　　地址:

联系方式:电话:　　　　　　　　　联系方式:电话:

　　　　传真:　　　　　　　　　　　　　传真:

　　　　E-mail:　　　　　　　　　　　　E-mail:

　　　　联系人:　　　　　　　　　　　　联系人:

甲方代表(签字、合同盖章)　　　　乙方代表(签字、合同盖章)

任务三　签订合同

任务情境

阳光公司跟单员王雷确定绍兴天元纺织印染有限公司(简称天元公司)作为此订单的面料染整厂,并与之签订染整合同。

工作任务

阳光公司跟单员王雷与天元公司签订染整合同。

一、商品质量

1. 商品质量的含义。

商品质量是商品外观形态和内在质量的综合。

商品的外观形态是通过人们的感觉器官直接可以获得的商品的外形特征。商品的内在质量是指商品的物理性能、化学成分、生物特征、技术指标和要求等,一般需借助各种仪器、设备分析测试才能获得。

2. 商品质量的重要性。

商品质量的优劣不仅关系到商品的使用效能,影响到商品售价的高低、销售数量和市场份额的增减、买卖双方经济利益的实现程度,而且关系到商品信誉、企业信誉、国家形象和消费者的利益。

3. 表示商品质量的常见方法。

表示商品质量的常见方法有两种:以实物表示和以文字说明表述。以实物表示商品品质的方法有两种:看货成交和看样成交。看货成交必须是卖方掌握现货以及买方现场检验合格后达成交易。看货成交后买方不得对其品质再提出任何异议,例如拍卖。看样成交又称凭样品买卖。样品通常是指从一批商品中抽取的,或由生产或使用部门设计加工的,足以反映和代表整批商品品质的少量实物。在贸易中,凭样品买卖一般适用于一些在造型设计上有特殊要求或具有色、香、味等方面特征的商品,如某工艺品、服装等。

以文字说明表述商品品质的方法有：

(1)凭规格、等级、标准买卖；

(2)凭说明书和图样买卖；

(3)凭商标或品牌买卖；

(4)凭产地名称买卖。

以上贸易中一些常见的表示商品品质的方法,根据商品的特点和交易习惯,可以单独运用,也可以酌情使用几种方法。

4. 质量公差和质量机动幅度条款。

品质公差是指国际上公认的产品品质的误差。例如时钟每天出现若干秒的误差应算行走正常。这种国家公认的误差,即使合同没有规定,也不能视为违约。凡质量在品质公差范围内的货物,买方不得拒收或要求调整价格。

有些初级产品质量不稳定,为了交易顺利进行,在规定其品质指标的同时还可以另订一定的品质机动幅度条款。关于品质机动幅度条款的拟定,主要有下列几种方法：

(1)规定范围：这是指对某项商品品质指标允许有一定的机动范围。例如：重量允许有3%—5%的上下浮动,布料幅宽35—36英寸,均为合格。

(2)规定极限：这是指对某些商品的品质规定上下极限,如最大、最高、最多、最少等。例如：面料洗后外观 D.P.Rating 大于3。

(3)规定上下差异：如,面料缩水率±3%。羽绒服的含绒量为70%,上下浮动2%,即70%±2%。

5. 面料的质量标准。

面料技术要求分为内在质量和外观质量两个方面。

内在质量系指实物质量、物理性能、色牢度、起毛起球、缩率、水洗干洗尺寸变化率、水洗后扭曲率、断裂强力、pH值等等。具体技术指标和检验方法等请看检验章节。

外观质量包括局部性疵点和散布性疵点两类。

散布性外观疵点：粗纱、细纱、双纱、松纱、紧纱、错纱、污纱、异色纱、跳纱、大肚纱、破洞、毛粒、死折痕等统一标志为疵点。

局部性外观疵点：抽直(横)纱、粗直(横)纱,直(横)异色纱、直色条、横色条(横档)、死折皱、密路、稀路、纬斜等按实际情况标志。

二、商品数量

商品的数量是指以一定的度量衡表示商品的质量、长度、体积、面积及个数的量。

从内容上看,数量可分为数和量两部分。数指绝对数,量指计量单位和计量方法。

1. 度量衡制度。

由于度量衡制度不同,计量单位有很大的差别。度量衡有公制、英制、美制和国际单位制。我国采用的是以国际单位制为基础的法定计量单位。《中华人民共和国计量法》第三条规定:"国家采用国际单位制。国际单位制计量单位和国家选定的其他计量单位,为国家法定计量单位。"

因为度量衡制度不同,同一个"吨"的计量单位在不同的度量衡制度下就有不同的换算值,详见表4-3-1。

表4-3-1 度量衡换算

度量衡	重量单位	千克	磅
公制	公吨MT	1000kg	2204.6LB
英制	长吨LT	1016.05kg	2240LB
美制	短吨ST	907.2kg	2000LB

2. 计量单位。

在纺织品贸易中,常用的计量单位见表4-3-2。

表4-3-2 常用计量单位

按重量(Weight)计量	常用的重量单位有公吨(Metric Ton)、长吨(Long Ton)、短吨(Short Ton)、千克(Kilogram)、克(Gram)等,主要适用于初级产品如棉花、生丝等
按长度(Length)计量	常用的长度单位有米(Meter)、英尺(Foot)、码(Yard)等,主要适用于布匹、塑料布等商品交易中
按面积(Area)计量	常用的面积单位有平方米(Square Meter)、平方英尺(Square Foot)、平方码(Square Yard)等,主要适用于地毯等商品交易中
按数量(Quantity)计量	常用的数量单位有件(Piece)、双(Pair)、套(Set)等,主要适用于服装、袜子等商品
按容积计量	常用的容积单位有升、公升(Litre)、加仑(Gallon)、蒲式耳(Bushel)等,主要用于谷物和流动液体
按体积单位	常用的体积单位有立方米(Cubic Meter)、立方英尺(Cubic Foot)、立方码(Cubic Yard)等,主要适用于化学气体、木材等

3. 计量方法。

(1)毛重(gross weight)

毛重是指货物本身的重量加皮重,即货物重量加包装材料重量。

（2）净重（net weight）

净重是货物的实际重量，不包括皮重。在国际贸易中，以重量计算的货物大部分都是按净重计价的。

有些货物因包装本身价值差不多，如烟、胶片、卷筒新闻纸等，或因包装材料与货物本身价值差不多，如粮食、饲料等，常常采用按毛重计价，把毛重当作净重，称为"以毛作净"。如合同中规定："中国东北大豆，300公吨，每袋30kg，以毛作净。"

净重的计算方法是货物的毛重减去皮重。计算皮重的方法有：

①按实际皮重。即将整批货物的包装逐一过秤求得重量。

②按平均皮重。有些货物包装材料和规格比较统一，即按部分货物包装的实际重量求出平均包装重量。

③按习惯皮重。对于比较规格化的包装，按市场公认的包装重量计重，这种已被公认的皮重即为习惯皮重。

④按约定皮重。即按买卖双方事先约定的包装重量计算。

（3）公量

公量是指用科学方法抽掉货物中的水分后，再加上标准含水量，所求得的重量。这种计算重量的方法适用于水分不稳定的货物，如羊毛、生丝之类的货物。

行业公认的货物中的水分与干量之比称为公定回潮率。

交易双方约定的货物中的水分与干量之比称为标准回潮率。

货物中实际水分与干量之比称为实际回潮率。

公量＝商品实际重量/（1＋实际回潮率）×（1＋公定回潮率）＝商品干净重×（1＋公定回潮率）

回潮率＝（湿重－干重）/干重×100%

例：某毛纺厂从澳大利亚进口羊毛20公吨，行业公认回潮率为11%，用科学仪器抽取水分后，羊毛净剩16公吨。问：该批羊毛的公量有多少？

实际回潮率＝（湿重－干重）/干重×100%＝（20－16）/16×100%＝25%

公量＝商品实际重量/（1＋实际回潮率）×（1＋公定回潮率）＝20/（1＋25%）×（1＋11%）＝17.76公吨

（4）理论重量

理论重量是指一些按固定规格生产和买卖的商品，每件重量大体是相同的，只要其重量一致，一般可以根据其件数推算出总重量。适用商品：钢铁、马口铁等。

（5）法定重量和净净重

法定重量＝纯商品的重量＋内包装的重量

净净重＝纯商品的重量－杂物的重量

法定重量和净净重通常在海关征收从量税时使用,作为征税的计量基础。

4. 数量机动幅度。

在粮食、矿砂、化肥和食糖等大宗商品交易中,由于商品特性、货源变化、船舱容量、装载技术和包装等因素的影响,要求准确地按约定数量交货,有时存在一定难度。为了使交货数量具有一定范围内的灵活性和便于履行合同,买卖双方可在合同中合理规定数量机动幅度。

数量机动幅度是指卖方可以按合同规定的数量,多装或少装一定的百分比。只要卖方交货数量在约定的增减幅度内,买方不得以交货数量不符合为由拒收货物或提出索赔。为了订好数量机动幅度条款,即数量增减条款或溢短装条款,需要注意下列几点:

(1)数量机动幅度的大小要适当。

数量机动幅度的大小通常都以百分比表示,如3%或5%不等。究竟百分比多大合适,应视商品特性、行业或贸易惯例和运输方式等因素而定。

数量机动幅度可酌情做出各种不同的规定,其中一种是只对合同数量规定一个百分比的机动幅度,而对每批分运的具体幅度不做规定,在此情况下,只要卖方交货总量在规定的机动幅度内,就可视为已按合同数量交货;另一种是,除规定合同数量总的机动幅度外,还规定每批分批数量的机动幅度,在此情况下,卖方总的交货量,除受上述总机动幅度的约束,还需按每批分批数量的机动幅度交货,这就要求卖方根据过去累计的交货量,计算出最后一批应交的数量。

此外,有的买卖合同,除规定一个具体的机动幅度(如4%)外,还规定一个追加的机动幅度(如2%),在此情况下,总的机动幅度应理解为6%。

(2)机动幅度选择权的规定要合理。

一般来说,在合同规定有机动幅度的条件下,由交货方即卖方行使机动幅度的选择权。但若涉及海洋运输,交货量的多少与装载船只的舱容关系非常密切,在租用船只时,就得与船方商定。所以,机动幅度的选择权可根据不同情况由卖方行使,也可由买方行使,或由船方行使。为了明确起见,最好是在合同中做出明确合理的规定。

此外,当成交某些价格波动剧烈的大宗商品时,为了防止卖方或买方利用数量机动幅度条款,根据自身的利益故意增加或减少装船数量,也可在数量机动幅度条款中加订:"此项机动幅度条款只是在为了适应船舶实际装载量的需要时,才能适用。"

(3)溢短装数量的计价方法要公平合理。

目前,对机动幅度范围内超出或低于合同数量的多装或少装部分,一般按合同计价,这是比较常见的做法。但数量上的溢短装在一定条件下关系到买卖双方的利益。所以,为防止有权选择多装或少装的一方当事人利用行市变化,有意捞取额外好处,也可在合同中规定,多装或少装部分以装船时或到货时的市价计算。如果双方对装船时或货到时的市价不能达成协议,则可交由仲裁机构解决。如果溢短装的计价方法在合同中未做规定,发生纠纷时按惯例通常按合同价格计算。

三、付款方式

1. 常用的付款方式。

(1)TT付款

TT付款,就是收货方要在供货方交货前几天提前付款,供货方才会安排出货。

(2)现金支付方式

第一,供货方在交货后,收货方就立即给出现金支票。

第二,供货方在交货后,收货方立即支付现金或进行转账并提供水单。

(3)期票××天

例如:期票15天。供货方在交货后,收货方就提供一张"期票15天的现金支票"。15天是指从收货方收货开始算起,第15天供货方可以凭这张"期票15天的现金支票"去银行提取现金。

期票天数可长可短。但是天数越长对供货方的资金流越不利,对收货方的资金流越有利,反之亦然。

(4)月结××天

月结一般可以分为以下几种:月结N天(有时也会称"当月结N天")、次月结N天、次月结N天+N天。(这里的前一个N天,一般是30的倍数,如30天、45天<1个月半>、60天、90天等等);后一个N天,指到期后的可延后几天付款的意思)。

知识加油站

月结N天:可以理解为收到发票日的当天算起+N天,到这一天就要付款。例如,月结30天:3月10日与对方核对好应付金额并取得发票,那你就要在4月10日付款。

次月结N天:可以理解为产生应付款或对账收到发票的这个月不算,从次月1日算起+N天,到期就要付款。例如,次月结30天:同样是3月10日与对方核对好应付金额并取得发票,3月份不算应付期,要从4月1日算起,到5月1日你就需要付款了。

次月结N天＋N天：可以理解为产生应付款或对账收到发票的这个月不算，从次月1日算起＋N天，到期可再延后几天付款。例如，次月结30天＋15天：同样是3月10日与对方核对好应付金额并取得发票，3月份不算应付期，要从4月1日算起，你最晚可以到5月15日付款。具体到每家公司就会有不同，需要咨询公司里的采购人员，看他们与供应商是怎么协商付款日期的。

供货方在供货后，收货方不提供支票，只提供一个口头承诺，承诺到了时间会付款。供货方在交货后，收货方会签一个回签单(回签单是指表示供货方已经提交了这笔货，并且收货方也已经收到了这笔货)。时间到了，供货方提前两天打电话给收货方，原则上收货方便会在规定的时间内支付现金。

2. 支付工具。

票据是一种基本的支付工具，广泛运用于贸易结算中。票据是以支付资金为目的的有价证券，是由出票人通过出票约定，由自己或另一人无条件支付一定金额的、可供流通转让的证券。常用的金融票据主要有汇票(bill of exchange/draft)、本票(promissory note)和支票(check/cheque)。

(1)汇票

汇票是一个人向另一个人签发的，要求见票时，或在将来的固定时间，或可以确定的时间，对某人或其指定的人或持票人无条件支付一定金额的书面支付命令。汇票必须记载下列事项：①表明"汇票"字样；②无条件支付承诺；③确定的金额；④付款人的名称；⑤收款人的名称；⑥出票日期；⑦出票人签章。汇票上未记载规定事项之一的，则汇票无效。

首先，汇票的种类。

汇票从不同的角度可分为以下几种。按照出票人的不同，汇票可分为银行汇票和商业汇票。①银行汇票是指出票人是银行，受票人也是银行的汇票。②商业汇票是指出票人是商号或个人，付款人可以是商号、个人，也可以是银行的汇票。

按照有无随附商业单据，汇票可分为光票和跟单汇票。①光票是指不附带商业单据的汇票。银行汇票多是光票。②跟单汇票是指附带有商业单据的汇票。商业汇票一般为跟单汇票。

按照付款时间不同，汇票可分为即期汇票和远期汇票。①即期汇票是指在提示或见票时立即付款的汇票。②远期汇票是指在一定期限或特定日期付款的汇票。

远期汇票的付款时间，有以下几种规定办法：①见票后若干天付款。②出票或若干天付款。③提单签发日后若干天付款。④指定日期付款。

按承兑人的不同,汇票分为商业承兑汇票和银行承兑汇票。商业承兑汇票是企业或个人承兑的远期汇票,托收中使用的远期汇票即属于此种汇票;银行承兑汇票是银行承兑的远期汇票,信用证中使用的远期汇票即属于此种汇票。

一张汇票往往可以同时具备几种性质。例如,一张商业汇票同时又可以是即期的跟单汇票;一张远期的商业跟单汇票,同时又可以是银行承兑汇票。

其次,汇票的使用。

汇票使用过程中的各种行为,都由票据法加以规范。主要有出票、提示、承兑和付款。如需转让,通常应经过背书行为。如汇票遭拒付,还需做成拒绝证书和行使追索权。

①出票

出票(Draw/Issue)是指出票人签发汇票并交付给收款人的行为。出票后,出票人即承担保证汇票得到承兑和付款的责任。如汇票遭到拒付,出票人应接受持票人的追索,清偿汇票金额、利息和有关费用。

知识加油站

出票时收款人的规定方法

限制性抬头(Restrictive payee),这种汇票通常会标注"pay ABC Co. Ltd. only"或"pay ABC Co.Ltd., not negotiable"。这种汇票不得流通转让。

指示性抬头(To order)汇票常标有"pay ABC Co. Ltd. or Order"或者"pay to the order of ABC Co. Ltd."。这种汇票能够通过背书转让给第三者。

持票人或者来人抬头(To bearer)常标注有"pay to bearer"或者"pay to ABC Co. Ltd. or bearer"。这种汇票不须由持票人背书即可转让。

②提示

提示(Presentation),是持票人将汇票提交付款人要求承兑或付款的行为,是持票人要求取得票据权利的必要程序。提示又分为付款提示和承兑提示。

③承兑

承兑(Acceptance)是指付款人在持票人向其提示远期汇票时,在汇票上签名,承诺于汇票到期时付款的行为。具体做法是付款人在汇票正面写明"承兑(Accepted)"字样,注明承兑日期,于签章后交还持票人。付款人一旦对汇票做出承兑,即成为承兑人以主债务人的地位承担汇票到期时付款的法律责任。

④付款

付款(Payment)。付款人在汇票到期日,向提示汇票的合法持票人足额付款。持票人将汇票注销后交给付款人作为收款证明。汇票所代表的债务债权关系即告终止。

⑤背书

背书(Endorsement)。票据包括汇票是可流通转让的证券。根据我国《票据法》规定,除非出票人在汇票上记载"不得转让"外,汇票的收款人有以记名背书的方式转让汇票权利。即在汇票背面签上自己的名字,并记载被背书人的名称,然后把汇票交给被背书人即受让人,受让人成为持票人,是票据的债权人。受让人有权以背书方式再行转让汇票的权利。在汇票经过不止一次转让时,背书必须连续,即被背书人和被背书人名字前后一致。对受让人来说,所有以前的背书人和出票人都是他的"前手",对背书人来说,所有他转让以后的受让人都是他的"后手",前手对后手承担汇票得到承兑和付款的责任。

在金融市场上,最常见的背书转让为汇票的贴现,即远期汇票经承兑后,尚未到期,持票人背书后,由银行或贴现公司作为受让人。从票面金额中扣减按贴现率结算的贴息后,将余款付给持票人。贴现后余额的计算公式是:贴现后余额=票面金额-(票面金额×贴现率×日数/360)-有关费用。

⑥贴现

贴现是指远期汇票经承兑后,汇票持有人在汇票尚未到期前在贴现市场上转让,受让人扣除贴现息后将票款付给出让人的行为,或银行购买未到期票据的业务。

知识加油站

票据贴现

一般而言,票据贴现可以分为三种,分别是贴现、转贴现和再贴现。

贴现:指银行承兑汇票的持票人在汇票到期日前,为了取得资金,贴付一定利息将票据权利转让给银行的票据行为,是持票人向银行融通资金的一种方式。

转贴现:指商业银行在资金临时不足时,将已经贴现但仍未到期的票据,交给其他商业银行或贴现机构给予贴现,以取得资金融通。

再贴现:指中央银行通过买进商业银行持有的已贴现但尚未到期的商业汇票,向商业银行提供融资支持的行为。

⑦拒付和追索

拒付和追索(Dishonour&Recourse)是指持票人向付款人提示,付款人拒绝付款或拒绝承兑,均称拒付。另外,付款人逃匿、死亡或宣告破产,以致持票人无法实现提示,也称拒付。出现拒付,持票人有追索权,即有权向其前手(背书人、出票人)要求偿付汇票金额、利息和其他费用的权利。在追索前必须按规定做成拒绝证书和发出拒付通知。拒绝证书,用以证明持票已进行提示而未获结果,由付款地公证机构出具,也可由付款人自行出具退票理由书,或有关的司法文书。拒付通知,用以通知前手关于拒付的事实,使其准备偿付并进行再追索。

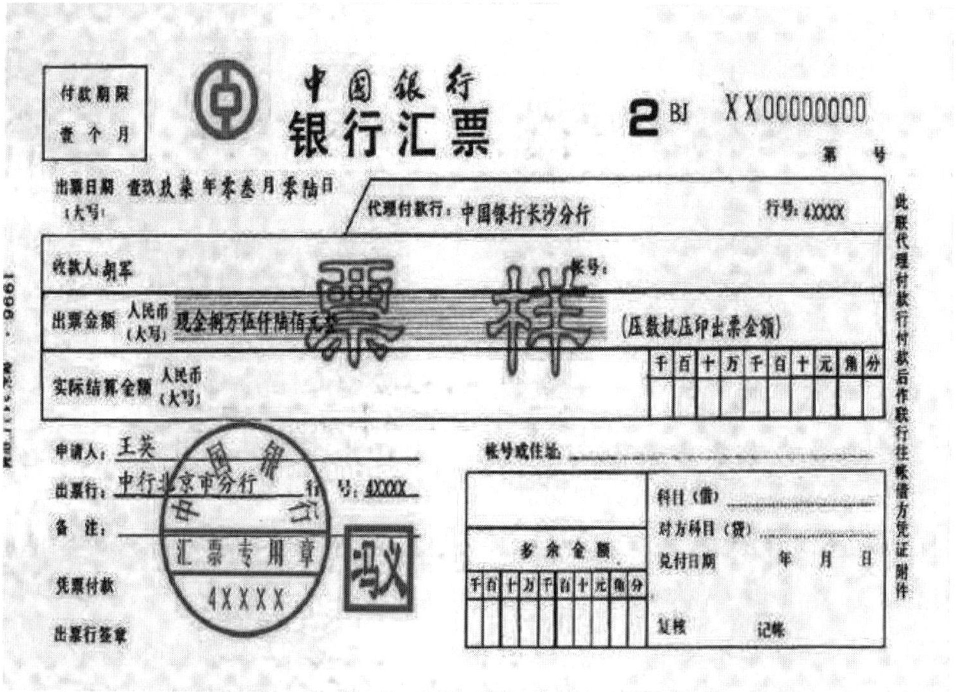

图 4-3-1　汇票

(2)本票

本票是由出票人签发的,承诺自己在见票时或定期或在可以确定的将来的某个时间,无条件支付确定的金额给收款人或持票人的票据。本票只涉及出票人和收款人两方。票据法规定,本票的出票人必须具有支付本票金额的可靠资金来源,并保证支付。

一般来讲,本票必须记载下列事项:①表明"本票"字样;②无条件支付承诺;③确定的金额;④收款人名称;⑤出票日期;⑥出票人签字。我国票据法规定,本票上未记载以上事项之一的,本票无效。

本票的划分方法多种多样,根据签发人的不同,可分为商业本票(又叫"一般本票")和银行本票;根据付款时间的不同,可分为即期本票和远期本票;根据有无收款人之记载,可分为记名本票和不记名本票;根据其金额记载方式的不同,可分为定额本票和不定额本票;根据支付方式的不同,可分为现金本票和转账本票。

目前,按我国的票据法规定,本票仅指银行本票,在结算业务中使用的本票大多是银行本票(见图4-3-2)。

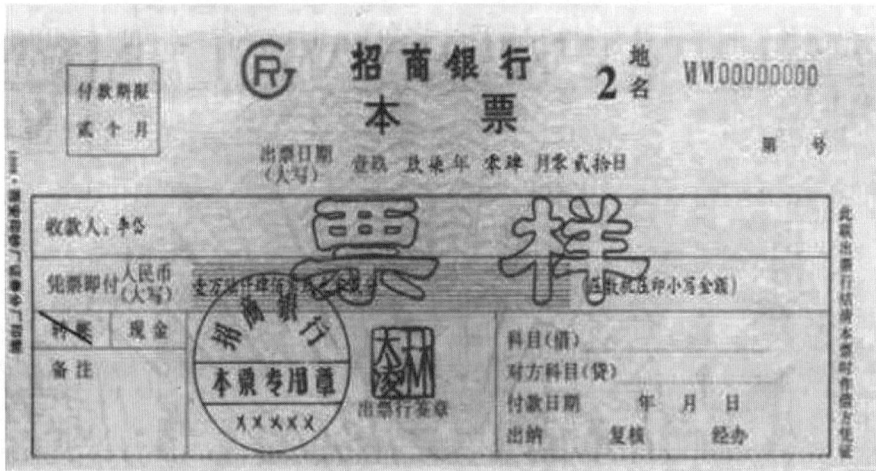

图4-3-2　银行本票

(3)支票

支票是指出票人签发的委托办理支票存款业务的银行,或其他金融机构在见票时无条件支付确定的金额给收款人或持票人的票据。出票人在支票上签发一定金额,要求银行于见票时立即支付给收款人或持票人。

支票的出票人必定是在银行设有存款的客户,出票人必须承担保证向收款人或持票人付款的责任和法律责任。前项责任是指出票人对收款人担保支票的付款。后项责任是指出票人签发支票时,应在付款银行存有不低于票面金额的存款;否则,就会开出"空头支票"。开出"空头支票"的出票人要负法律责任。

我国票据法规定,支票必须记载下列事项:①表明"支票"字样;②无条件支付委托;③确定的金额;④付款人名称;⑤出票日期;⑥出票人签章。支票未记载规定事项之一的,支票无效。

一般来讲,支票(见图4-3-3)可分为现金支票和转账支票两种,且应在支票上注明。在我国,现金支票只能用于支取现金,转账支票只能用于银行或其他金融机构转账结算。而在国际上,支票一般既可以支取现金,又可以通过银行转账,由持票人或收款人自行选择收款方式,但支票一经画线就只能通过银行转账。因此,支票就有了画线支票和非画线支票之分,画线支票通常都是在支票的左上角画上两道平行线。

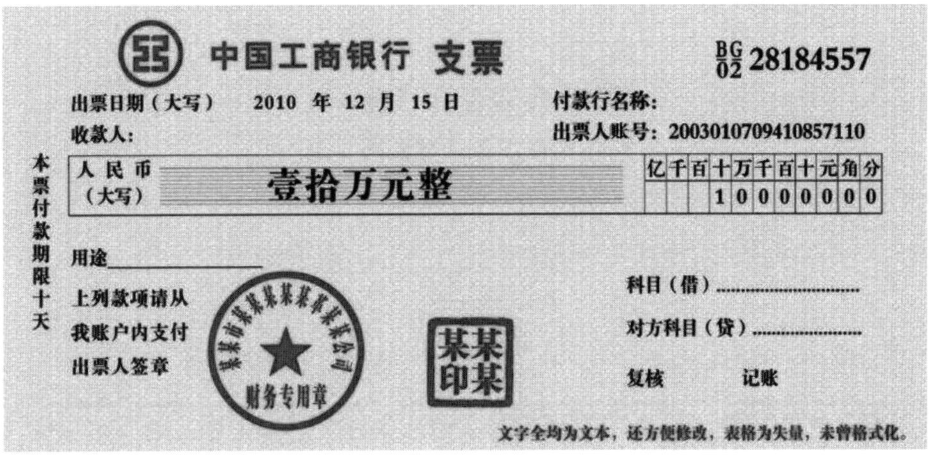
中国工商银行　支票　BG 02 28184557

出票日期（大写）　2010 年 12 月 15 日　付款行名称：

收款人：　出票人账号：2003010709410857110

本票付款期限十天

人民币（大写）　壹拾万元整　亿千百十万千百十元角分　1 0 0 0 0 0 0 0

用途

上列款项请从我账户内支付

出票人签章

某某市某某某某某某某公司　财务专用章

某某印某

科目（借）

对方科目（贷）

复核　记账

文字全均为文本，还方便修改，表格为矢量，未曾格式化。

图 4-3-3　支票

汇票、本票、支票的异同，见表 4-3-3。

表 4-3-3　汇票、本票、支票异同

	汇　票	本　票	支　票
作用	支付、信用两种作用	支付、信用两种作用	仅有支付作用
性质	出票人给与付款人无条件支付命令，两者之间不必先有资金关系	出票人约定由资金付款，是一种无条件付款承诺	出票人和付款人之间先有资金关系，支票只是一种取款的凭证
当事人	出票人、收款人、付款人	出票人、收款人	出票人、收款人、付款人
主债务人	承兑前是受票人，承兑后是承兑人	出票人	银行
付款人	承兑人、保证人、参与付款人	自负付款责任	银行
出票人责任	担保承兑和付款	自负付款责任	担保支票付款
种类	1. 即期汇票和远期汇票 2. 商业汇票和银行汇票	商业本票和银行本票	1. 现金支票和转账支票 2. 画线支票和非画线支票
单据要求	一套（一式两份或数份），有副本	一张正本，没有副本	一张正本，没有副本
相同要求	出票、背书、付款、追索权、拒绝付款证书	出票、背书、付款、追索权、拒绝付款证书	出票、背书、付款、追索权、拒绝付款证书

在明确合同注意事项和主要内容之后,阳光公司跟单员王雷与天元公司签订了染整合同。

绍兴天元纺织印染有限公司
染色加工承揽合同

承揽方:绍兴天元纺织印染有限公司　　　　合同编号:T018-12

委托方:浙江绍兴阳光进出口有限公司　　　　签订地点:

　　　　　　　　　　　　　　　　　　　　签订时间:　　年　　月　　日

一、产品要求。

产品名称	色名	计量单位	加工后数量	染色费(元/米)	金额(元)
合计					

二、质量和验收标准:按委托方确认样进行生产和验收。

三、交货地点、方式:委托方指定仓库(仅限于萧山、柯桥、吴江盛泽地区)。

四、运输方式及费用负担:汽运,费用由承揽方负责。

五、包装标准、包装物的供应与回收:一般包装,包装物由委托方回收。

六、提出异议的期限:货到委托方三天内。

七、结算及付款方式:款到发货。

八、违约责任:按《经济合同法》处理。

九、解决合同纠纷方式:双方协商解决;协商不成的,依法向承揽方管辖地人民法院起诉。

十、其他约定事项。

承揽方 单位:(章)绍兴天元纺织印染有限公司 地址:浙江绍兴天元路××号 法定代表人: 委托代理人: 电话:0575-×××××××	委托方 单位:(章)浙江绍兴阳光进出口有限公司 地址: 法定代表人: 委托代理人; 电话:

拓展提升

<table>
<tr><td colspan="8" align="center">××有限公司</td></tr>
<tr><td colspan="8" align="center">地点:江苏常州新区　邮编:213031</td></tr>
<tr><td colspan="8" align="center">TEL:××-×××-××××-××××　　FAX:××-×××-××××-××××</td></tr>
<tr><td colspan="8" align="center">委外染整单</td></tr>
<tr><td>厂商编号:</td><td>××××</td><td>厂商名称:</td><td>××</td><td>P/I单号:</td><td colspan="3">××</td></tr>
<tr><td>联络人:</td><td>××××</td><td>委外单号:</td><td>××</td><td>客户单号:</td><td colspan="3">××</td></tr>
<tr><td>电话:</td><td>××××</td><td>FAX:</td><td>××</td><td>交货日期:</td><td colspan="3">××</td></tr>
<tr><td>主管:</td><td>××××</td><td>工厂单号:</td><td>××</td><td>跟单:</td><td colspan="3">××</td></tr>
<tr><td>加工项目:</td><td colspan="3"></td><td colspan="4">斜点提花春亚纺染浅(斜纹面为正面)+外发贴中透透明/白膜</td></tr>
<tr><td>成品布号:</td><td colspan="2">BCP11011-4MW</td><td>坯布规格:</td><td colspan="2">75D×150D</td><td>组织:</td><td>提花</td></tr>
<tr><td>成品成分:</td><td colspan="3"></td><td colspan="4">100%Polyester</td></tr>
<tr><td>成品规格:</td><td colspan="3"></td><td colspan="4">148T×88T</td></tr>
<tr><td>成品幅宽:</td><td colspan="3">59″</td><td colspan="2">定型克重:114g/m²</td><td colspan="2">定型纬密:88T</td></tr>
<tr><td>英文色名</td><td>中文色名</td><td>色号</td><td>订单数量Y</td><td>投坯量(m)</td><td colspan="2">工缴(RMB/m)</td><td>损耗%</td></tr>
<tr><td>methyl</td><td>海蓝</td><td>083-00763-B 对首缸样</td><td>400</td><td>463</td><td colspan="2">包缸500</td><td>15</td></tr>
<tr><td>white</td><td>白色</td><td>083-00770-B 对首缸样</td><td>720</td><td>818</td><td colspan="2">1.6+0.3</td><td>15</td></tr>
<tr><td>black</td><td>黑色</td><td>083-00769-C 对首缸样</td><td>550</td><td>有库存不投坯</td><td colspan="2">1.6+0.3</td><td>15</td></tr>
<tr><td>ombre</td><td>麻灰</td><td>083-00760-C 对首缸样</td><td>600</td><td>685</td><td colspan="2">1.6+0.3</td><td>15</td></tr>
<tr><td>safran</td><td>桔黄</td><td>083-00765-F 对首缸样</td><td>300 有库存100y</td><td>242</td><td colspan="2">包缸500</td><td>15</td></tr>
<tr><td>emerald</td><td>橘黄</td><td>083-00764-B 对首缸样</td><td>750</td><td>851</td><td colspan="2">1.6+0.3</td><td>15</td></tr>
<tr><td>合计:</td><td></td><td></td><td>3320</td><td>3059</td><td colspan="2"></td><td></td></tr>
<tr><td>缩率:</td><td colspan="2">经向:±2%</td><td colspan="2">纬向:±2%</td><td colspan="2">PH:4-7</td></tr>
<tr><td>牢度(级):</td><td colspan="2">水洗:4</td><td>日光:4</td><td>摩擦:4</td><td colspan="2">每色样布剪:</td><td>码</td></tr>
</table>

手感要求:	手感柔软		汗渍:4		全检表:	1	份
包装方式:	原匹卷		泼水度:90°		缸差表:	1	份
注意事项:			1. 请对准色,色牢度4级				
			2. 慎防左中右色差,头尾色差				
			3. 染色时请注意不要有色绉				
			4. 定型时请一定注意不要纬斜以及折横				
			5. 每色请包装时另取米打样				
胚布厂:							
交货地点:							
备注:							
经理:	部门主管:		业务:		生管:		厂商:

项目五　生产加工过程跟单

任务一　匹样或大货头缸样生产跟单

任务二　大货生产跟单

　　生产加工过程的跟进,是跟单工作的重点工作,也是印染生产跟单的核心工作。跟单员对产品的生产跟单,可以从两个方面入手。一方面是大货样(头缸样)的试生产,通过跟单工作,尽快将头缸样寄送给客户并得到客户的批复。这是一个关键的过程,如果客户不认可头缸样,将无法进行大货的生产,这个过程有时往往需要反复几次花费较长的时间和精力,才能够得到客户的确认。跟单员要特别注意跟进头缸样生产过程,全面记录整理有关的资料,使试生产能够顺利进行。另一方面是大货的生产跟进,在这一过程中应积极配合生产部门,保证坯布的供应;同时随着生产的进展,做好有关资料汇集整理,配合生产管理人员协调各生产工序的操作,使订单能够顺利有序地完成。

　　当客户批复小样后,要及时进行匹样(或头缸样)试生产。匹样确认的主要目的在于做一匹试样供客户确认。纺织品贸易加工必须以实物为基础,没有实物,最终的产品确认就失去了依据。因此,以匹样试样加工方式出现的样品确认过程,对最终客户、贸易公司和染厂都显得十分重要。贸易公司可以充分利用匹样试样方式为最终客户提供优良的服务,而染厂也可以充分利用匹样试样的机会确认工艺参数,为后续大货产品加工提供依据,积累经验。同时,染整跟单员也可以在此过程中充分体现自身的价值。

　　在试样过程中,需要注意以下方面:样品的颜色、花型、手感、风格、色牢度、成品规格等。不仅在匹样确认时需要注意,而且在大批量产品生产中也要注意控制这些方面。同时,在试样过程中,生产工艺、染化料配方、坯布品种应与大货生产时一样,特别是坯布规格一定要正确。

任务一　匹样或大货头缸样生产跟单

任务情境

阳光公司跟单员王雷与染厂相关人员制订并确认好之后需要马上投入生产,客户希望能尽快收到头缸样。

工作任务

王雷需要根据制订的生产计划对头缸样进行跟进,并将样品寄送给客户。

印染产品的生产加工过程,工艺复杂、工序较多、流程较长,因此带来较多的管理和跟单工作。通常印染加工基本分为以下几个步骤:坯布准备→坯布前处理→染色→印花→后整理→定形→检验→包装。

一、制作生产指示单

生产指示单应详细列明将要生产的产品具体内容,包括合同号、产品名称、规格、数量、所耗材料数量、交货期、对产品的质量要求、后加工要求等。

王雷在匹样生产前需制作生产指示单。生产指示单见表5-1-1、表5-1-2。

二、打样跟单

在大货坯布出来后,需对颜色样和印花样再次进行打样,此次打样主要是为了让客户确认颜色。通过打样,归纳出染色、印花配方和生产工艺,用于指导大批量的生产,为后续的匹样和大货生产奠定基础,使后续工作更加顺利。

在打样过程中,根据"生产指示单"的具体要求,应特别注意对色光源、染化料是否环保等。

1. 明确客户用什么光源对色,应做好客户来样色光的统一工作。最常用的是D65光源。为了使对色结果更加准确,在标准对色灯箱中对色时观察区域不能有外界的直射光线,以避免外界光线对视觉的干扰。

表 5-1-1　绍兴阳光纺织品有限公司生产指示单

日期：

订单号	公司编号	坯布编号	坯布米重	有效门幅（cm）	回潮后克重（g/m²）	成品交期
T018-12				150	230	2019-01-15
经纬原料信息						

序号	颜色	数量	确认色卡	贴样区			
1#	黑色	2000m		1#		2#	
2#	灰色	2000m					
3#	深紫色	2000m		3#		4#	
4#	棕黄色	2000m					
5#	红色	2000m		5#		6#	
6#							

| 成品数量 | | |

品质样　　　　　　　手感样

出口环保要求　色牢度要好
干湿磨色牢度、pH、缩水率　每缸做检测
对原样打准开处方并留色卡

带布情况	风格					
	品质					
头缸情况	坯布					
	染色					

81

续表

订单号	公司编号	坯布编号	坯布米重	有效门幅（cm）	回潮后克重（g/m²）	成品交期
T018-12				150	230	2019-01-15

美标	烫缩	水缩	干磨15次	湿磨15次	对色光源	pH值	起毛起球	缩率	60度水洗牢度
	3%	经3纬5			D65	5—7			

大货实际指标	检验标准	塑料袋包装	是否外套编织袋	唛头	船样	新产品留样
检验包装				另附		

审核：

表5-1-2 绍兴阳光纺织品有限公司生产指示单

日期：

订单号	公司编号	坯布编号	坯布米重	有效门幅（cm）	回潮后克重（g/m²）	成品交期
T018-12				150	170	
经纬原料信息						

序号	颜色	数量	确认S/O样	贴样区	
花型1		3000m		花型1	
花型2		3000m		花型2	
花型3				花型3	
成品数量					

续表

订单号	公司编号	坯布编号	坯布米重	有效门幅(cm)	回潮后克重 （g/m²）	成品交期
T018-12				150	170	

品质样　　　　　　　　　　　　手感样

出口环保要求　　色牢度要好
干湿磨色牢度、pH、缩水率　　每缸做检测
对原样打准开处方并留色卡

带布情况	风格								
	品质								
头缸情况	坯布								
	染色								
美标	烫缩	水缩	干磨15次	湿磨 15次	对色光源	pH值	起毛 起球	缩率	60度水 洗牢度
	3%	经3纬5			D65	5—7			
大货实际 指标	检验标准		塑料袋包装		是否外套 编织袋	唛头	船样		新产品 留样
检验包装						另附			

审核：

用标准对色灯箱中各种光源还可以鉴定"同色异谱"面料，即两种颜色的面料在某种光源下相配，但在另一种光源下会有明显的差异。有些客户不知道用什么光源对色，可以在几种会发生转色的常用光源下多打几个色样供客户挑选。客户选定对色光源后，应将其作为该客户产品的统一对色光源，防止有关部门因光源使用不当导致对色误判，造成颜色染错事故。

2. 打样工作中，染化料是否环保等。染色车间要在事前选择好染料的配色相容性、稳定性的基础上，尽量采用有把握的常用的几种染料配色打样。

知识加油站

常见的染料有以下几种(见表5-1-3)。

表5-1-3 常见染料种类

染 料	含 义	特 点	用 途
活性染料	活性染料是一种在化学结构上带有活性基团的水溶性染料	活性染料具有颜色鲜艳,均染性好,染色方法简便,染色牢度高,色谱齐全和成本较低等特点	主要应用于棉、麻、黏胶、丝绸、羊毛等纤维及其混纺织物的染色和印花
直接染料	直接染料是能在中性和弱键相介质中加热煮沸,不需媒染剂的帮助,即能染色的染料	直接染料最大的特点是其直接性	在纤维素纤维(棉、麻、黏胶纤维)和蛋白质纤维(蚕丝、羊毛等)上均有应用
分散染料	分散染料是一种疏水性强和水溶性很小的非离子型染料	分散染料具有疏水性强、结晶和整列度高、纤维间隙小和不易润湿膨化等特性	主要用于聚酯纤维的染色
酸性染料	酸性染料是一类结构上带有酸性基团的水溶性染料,这类染料一般都在酸性条件下染色,因而称为酸性染料	酸性染料具有色谱齐全、色泽鲜艳等特点	主要用于羊毛、真丝等蛋白质纤维和聚酰胺纤维染色和印花,也可用于皮革、墨水、造纸和化妆品的着色
还原染料	还原染料是指在碱性条件下被还原而使纤维着色,再经氧化,在纤维上恢复成原来不溶性的染料而染色	还原染料色谱较全且色泽鲜艳,价格昂贵	主要用于棉布印花

常用光源

D65——国际标准人造日光,大部分客户均用它对色。

TL84——三基色荧光灯,欧州、日本商店光源,欧州及日本客户通常使用。

CWF——冷白光,美国商店或办公用光源,美国客户常使用此光源。

UV——紫外光,用于检测面料上的增白剂或荧光性染料。

A——夕阳光源,系参考光源。

三、颜色样确认

打样完成后,将每个颜色分A、B、C、D四个样打好后,寄给客户确认颜色(见表5-1-4、表5-1-5)。根据客户回复意见再进行后续生产操作。

例如:

表5-1-4　染色样卡

对色光源					色牢度		
普通灯		INCA				棉沾色	湿摩擦牢度
D65	√	UV		水洗牢度		尼龙沾色	干摩擦牢度
TL84		F				变色	日晒牢度
CWF		Horizon		汗渍牢度		沾色	
D75		U30				变色	

A. 　B.

C. 　D.

客户确认意见:

确认A色。

年　　月　　日

客户：<u>ABC公司</u>

订单号：<u>T018-12</u>

客户色号：<u>C#5</u>

工厂色号：<u>C#5</u>

品种规格：<u>全棉府绸</u>

送样时间：<u>　　　　　</u>

表5-1-5　印花样卡

客户	ABC公司
单号	T018-12
花型名称	花型2
花型编号	T081818
印花方式	圆网印花
套色数	9套
坯布规格	全棉平布
送样时间	
贴样	
客户确认意见	OK

　　王雷将样寄给ABC公司后，对方公司确认了颜色样（1#A色；2#A色；3#B色；4#C色；5#B色）和S/O样，并希望能及时生产大货。王雷在收到客户的回复后，及时与染厂进行了沟通，于是开始了后续的面料大货生产。

四、坯布准备及前处理跟单

坯布准备和前处理过程中如下：

1. 备布。

坯布概念：未经染整加工的直接从织布机上下来的面料统称原布或坯布。

坯布准备主要是指生产操作人员根据生产通知单及坯布配缸明细表进行坯布的抽取和编排，并将坯布退卷或翻布，按缸号编排堆置。坯布准备包括坯布检验→翻布（分批、分缸）

→打印→缝头等工作。

（1）坯布检验

坯布在投产前，跟单员及染厂技术人员要对坯布进行检验，以便及时发现问题，及时采取措施，以保证成品的质量和避免不必要的损失。

检验的内容主要包括物理指标和外观瑕疵。物理指标有长度、幅宽、经纬密度、坯布含浆率、断裂强力、撕破强力、克重、棉粒杂质等。外观瑕疵的检验项目根据生产品种而定，重点检验方法和处理方法（见表5-1-5）。

（2）翻布

染厂安排专门的翻布人员对同规格、同订单、同工艺的坯布进行翻布，每批的数量主要按照坯布的情况和后加工要求而定，一般按染缸容量分批。织布机通常采用人工法将布翻摆在堆布车里，应做到正反一致，针织布采用翻布机将筒状坯布的正面翻至里面，以使染色时不损伤织物的正面（见图5-1-1）。

图5-1-1　翻布

（3）打印

每匹布的两头都打印标记，部位离布头10cm—20cm处，打印原布品种、加工类别、批号、缸号、长度等。

（4）缝接

印染加工时每批次是连续进行的，必须把布匹的头尾按顺序缝接起来，缝接时应注意正反面，要求平直、对齐，以防止产生折皱，并且不能漏缝。坯布缝接是为了适应印染大批量连续加工的需要而设置的工序。共有平缝、假缝和环缝三种方式。

表5-1-5 产品检验项目及处理办法

类别	重点检验项目	处理方法
漂白布	1. 油污渍 2. 油经、油纬、油飞花 3. 铁锈 4. 织入杂物或金属物 5. 色纱(非约定用染色纱)	1. 手工洗涤或用压缩空气喷枪喷射去油剂 2. 少量的油飞花用手工挑去;油经,油纬纱用手工洗涤或用压缩空气喷枪喷射去油剂;严重的改作深色染色布 3. 用温热草酸液或氟化氢铵液洗去,洗后用清水洗净 4. 用手工剔除 5. 先做小样漂白试验,如不能去除,改做染色或印花布
染色布	1. 棉结、杂质 2. 稀路、密路、筘路 3. 拖纱 4. 折痕 5. 油污渍、油纱、色纱 6. 织入杂物或金属物	1. 加强烧毛前的刷、刮和煮练工艺,并进行小批量的试验鉴定。如加强措施后仍不能做染色产品,则改做漂白或印花布 2. 一般可染浅色布、严重的改做漂白或印花布。但严重稀路须开剪后重缝 3. 手工修剪 4. 如不能染浅色,改染深色 5. 手工剔除
印花布	1. 拖纱 2. 稀路 3. 织入杂物或金属物	1. 手工修剪 2. 严重的需开剪后重缝 3. 手工剔除

2. 坯布前处理。

前处理主要指对坯布进行煮练,其目的是去除织物上的天然杂质及纺织过程中沾上的油污等,使织物具有良好的润湿性、均匀的白度、较好的清洁外观、光泽、手感和稳定的尺寸、强力,使织物在染色印花时能够保证质量,改善面料的外观及提高面料的内在质量。不同织物前处理工艺流程不同(见图5-1-2)。

图5-1-2 坯布前处理

含棉纤维面料的练漂,一般包含原布准备、烧毛、退浆、煮练、漂白、开幅、轧水、烘干和丝光等工序。

化纤织物的前处理相对简单,主要包括坯布(绸)检验、退浆、精炼、增白、预定型。

对于强捻涤纶织物、弹力织物等,预缩、预定型、碱减量等工序都属于前处理的范畴。

跟单员在坯布准备和前处理过程中,应协同坯布仓库员随时跟进坯布准备情况,核对坯布数量、差额。与染厂前处理部门进行沟通,了解前处理情况。

五、染色印花跟单

坯布在经过前处理后,可以进入染色或印花(见图5-1-3)流程。染色印花工序是印染加工生产的主要工序,也是保证最终成品质量的关键流程。在这一过程中,染料、生产设备、生产工艺、生产人员的操作以及生产管理等多方面的因素,会对产品的质量产生极大的影响。因此,在印染生产过程中,需要各个部门相互配合,保证产品高质量地按期完成。

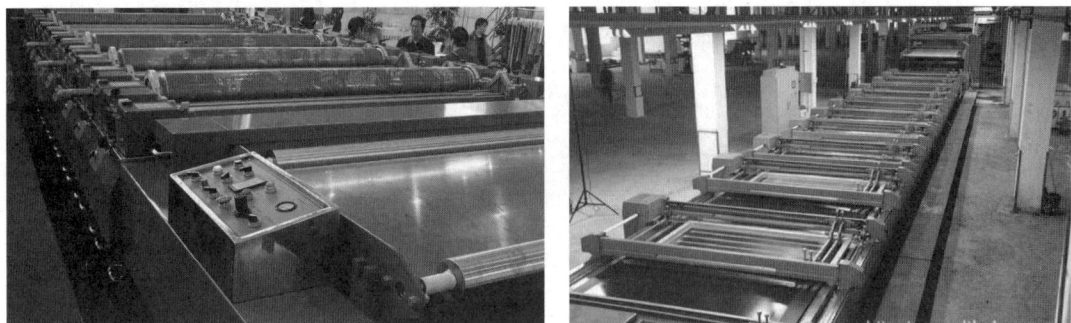

图5-1-3　印花

知识加油站

常见的印花疵病

在印花生产过程中,由于印花台板、丝网板、刮板、涂料印花色浆、刮印操作和后处理等方面的影响,很容易在织物上造成印花疵病,使产品外观受到影响并使经济效益下降。

1. 对花不准(错版、套版不准、错花)。

两种及两种以上颜色的花型,印花织物上的全部或部分花型中有一种或几种颜色的花纹脱开或压叠,未印在应该印的位置上,与花型标样不符,叫作对花不准。

在染色印花跟单过程中,对于客户要求生产的颜色和花型,在头缸样生产过程中需要对每个颜色样、印花样都进行生产确认,在客户对头缸样确认后再进行大货的生产。

2. 渗化(扩散、洇色)。

织物上一种或几种颜色花纹的轮廓边缘向外扩展,在花纹边缘的全部或局部形成了与花纹颜色相同、色泽较淡的毛糙色边,两种不同颜色的花纹相接或邻近时还会出现第三色相,这种现象称为渗化。

3. 露底。

织物上的花纹没得到足够的色浆,色泽浅淡不清晰,露出了织物的底色或细花纹发生断缺的现象称为露底。

4. 色差。

印花织物上某种花纹的颜色与工艺标样之间、或印花织物上某一种花纹颜色之间的差别称为色差。色差是由色调、亮度、纯度的差别所造成的综合结果。

5. 花纹色泽深浅不均。

织物上同一颜色的花纹色泽深浅不一致,花纹面积较大时呈现无规律的散片状或横向色档及有规律的纵向色档,称花纹色泽深浅不均。

在此过程中,跟单员王雷要紧密跟进染色印花生产进程,根据客户要求的对色光源(D65)核对面料颜色,关注产品的疵病问题。如出现严重的质量问题,应马上通知染厂暂停生产,将情况上报公司,听候公司处理意见。

六、后整理和定型的跟单

后整理和定型工序(见图5-1-4),是将布匹从半成品转化为成品的重要加工工序和手段。后整理和定型,使染印后的布匹具有稳定的规格,良好的手感和风格,达到客户所要求的品质。因此在进行后整理和定型之前,要充分了解客户的质量要求,跟客户原手感样进行对比,制定和完善后加工工艺。

图5-1-4 后整理和定型

1. 面料后整理和定型的内容丰富多彩。

面料后整理和定型的作用大致可归纳为以下几点。

(1)使面料幅宽整齐均一,尺寸和形态稳定。属这类后整理和定型的有拉幅、机械和化学热缩、防皱和热定型等。

（2）增进面料外观：包括提高面料光泽、白度，使面料轧上凹凸花纹，增加或减弱其表面绒毛等。属于这类后整理和定型的有增白、轧光、电光、轧纹、磨毛、剪毛和缩呢等。

（3）改善面料手感：采用化学或机械方法使面料获得诸如柔软、滑爽、丰满、硬挺、轻薄或厚实等综合性触摸感觉。例如柔软、硬挺、增重整理等。

（4）提高面料耐用性能：主要采用化学方法，防止日光、大气或微生物等对纤维的损伤或侵蚀，使面料耐用性能提高，延长使用寿命。属这类后整理和定型的有防蛀、防霉整理等。

（5）赋予面料特殊性能：包括使面料具有某种防护性或其他特种功能。如阻燃、抗菌、防污、拒水、拒油、防紫外线和抗静电等。

2. 在面料后整理和定型过程中须控制的主要物理指标。

（1）门幅：又称幅宽，是指面料的全幅宽，就是面料的实际宽度，织物横向两边最外缘经纱之间的距离（见图5-1-5）。

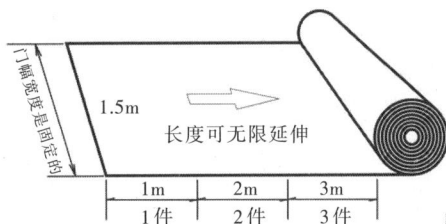

图5-1-5 门幅

门幅可在生产时直接在定型机上调节。定型机上可调节的门幅是以厘米为单位的，客户订单中的门幅单位可以是厘米，也可以是英寸。换算公式：1英寸＝2.54厘米。

（2）克重：是织物的一个重要技术指标，通常是以每平方米面料重量的克数。例如，1平方米面料的克重是200克，表示为200g/m²。

一般情况下，克重是通过调整超喂[①]来控制的。在其余张力不变的情况下，在一定范围内，超喂越大，克重越重；超喂越小，克重越轻。在面料定型完成后，我们可以通过电子天平和刻盘（见图5-1-6）来完成克重的计算。

图5-1-6 电子天平和刻盘

① 纺织品在染整加工中，经向受到较大的拉力，导致匹长伸长和幅宽变窄。为了克服这种不稳定的状态，保证纺织品的尺寸稳定，所以在拉幅或定型时调整进布的速度，这就是超喂。

（3）循环：是指花型从起点到终点的重复尺寸。

循环是与克重密切相关。其控制方法与克重的控制方法一样。一般情况下，循环是通过调整超喂来控制的。在其余张力不变的情况下，在一定范围内，超喂越大，循环越短；超喂越小，循环越长（见图5-1-7）。

图5-1-7　印花循环

（4）缩水：是指纤维吸水后会引起纤维和纱线的横向膨胀，纱线屈曲增大，导致织物长度缩短、厚度增大，干燥后无法恢复，织物的这种现象称为缩水（见图5-1-8）。

缩水是定型需控制的最主要的物理指标之一。缩水一定要做到平均、合理才行。对于定型来说，主要通过过树脂或做预定型来控制缩水。对于纯棉布种，一般是采用过树脂的方法控制缩水。在树脂能充分反应的情况下，树脂用量越大，缩水越好，但随之产生的问题是强力下降得越多。

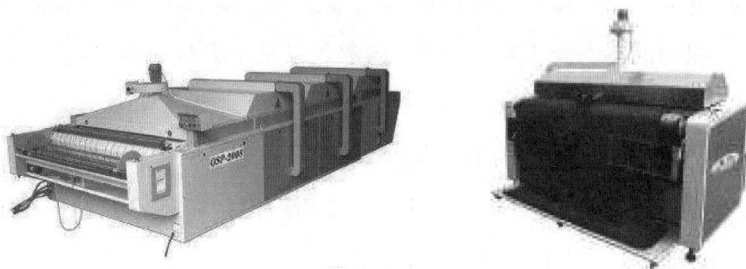

图5-1-8　缩水机

（5）强力：是不可回修的物理指标，故在生产过程中要小心控制。强力的大小与原料质量、布类结构、针织工艺、树脂反应程度及前处理工艺有关。对定型来说，在保证缩水、PILLING、扭曲等物理指标的前提下，应当尽量减少对强力的损伤。

（6）甲醛含量：一般情况下，甲醛含量偏高都是树脂反应不完全引起的。一般成人装的甲醛含量要求<75ppm。对某些做童装和内衣的单，甲醛含量要求<20ppm。只要树脂反应充分，一般成人装的甲醛含量会达到要求。对于要求严格的童装和内衣单，尽可能不过树脂整

理。如为了达到其他物理指标,必须过树脂,则只能安排在过树脂后返洗甲醛,然后再湿定型。甲醛测试见图5-1-9。

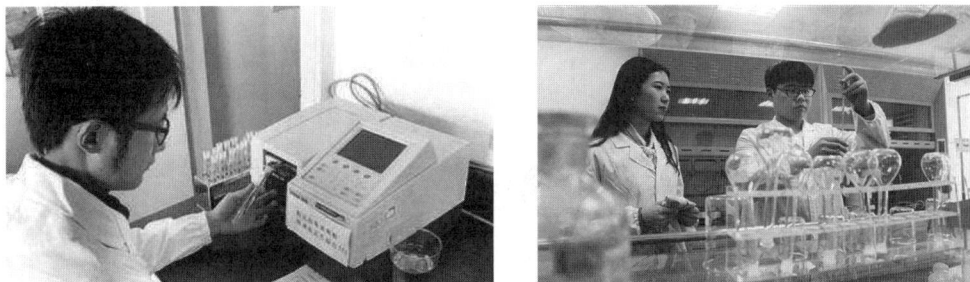

图5-1-9　甲醛测试

(7)pH值:是指服装面料中残留的酸碱含量。国家有关标准曾对纺织产品pH值做了明确、严格的要求,服装面料是否直接与皮肤接触,其pH值也不一样。pH值测试见图5-1-10所示。

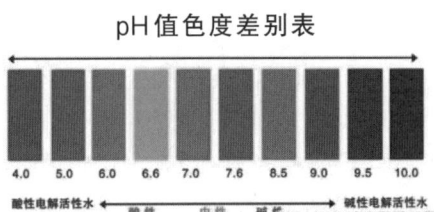

图5-1-10　pH值测试

对于常规面料,染厂非常有把握,可以染色印花后整缸进行后整理定型。

对于坯布风格特殊或者客户对面料有特殊要求的产品,可要求染厂在染色、印花完成后先带几米进行后整理定型,等客户确认后再整缸后整理定型,以免造成损失。

跟单员在面料后整理定型过程中,要跟进面料的后整理定型进度,核对成品面料的手感、风格、门幅、克重等是否与客户要求一致。

七、成品检验工序跟单

成品检验,是指在生产过程结束后对产品的质量检验,也是对成品的检验。

成品检验流程:检验匹条à核对色光à核对大货总数量à抽取、检验布卷à取样à留存各落色色样à填写验货报告。

在成品检验过程中,跟单员需要进行多方面检验,主要应注意以下几方面。

1. 在合同规定的光源下对色。

2. 大货样、小样、确认样和头缸样是否一致。

3. 色差控制：边中差、头尾色差、匹差、阴阳面色差、缸差等。

4. 经纬密、幅宽、色牢度、缩水率、手感、克重等。

5. 操作要点。

(1)面料外观检验见图5-1-11。

图5-1-11　面料外观检验

A. 颜色：与客户确认样品一致，有差异在客户可接受范围内。

B. 手感：同客样或在客户可接受范围内。

C. 克重：±5%。

D. 幅宽：±1cm。

E. 匹长：不能少于标示的长度。

F. 纬斜：3%以内。

G. 疵点：采用四分制判定标准检验。

H. 通常面料外观疵点(见表5-1-6)。

表5-1-6　面料外观疵点

面料疵点名称	图　　片	外观形态	产生原因
断经		经纱断裂，形成有露出底色的条纹	制造时经纱断裂

续表

面料疵点名称	图　片	外观形态	产生原因
粗经		经纱某一节比较粗,或有结节	经纱纱线不均匀,某一节比较粗,或有结节
重经		经纱看上去比较粗,实际上两根经纱并在一起	穿综时工人把两根纱穿在一起
筘痕		在织物经向上有一块细长的条痕	这是一种由弯曲筘片所造成的织物缺陷
断纬		纬纱断裂,露出底色	制造时纬纱断裂
粗纬		纬纱比较粗的印记	纬纱某一节比较粗,或有结节

面料疵点名称	图　片	外观形态	产生原因
双纬		布面上可见两条纬纱并在一起,特别粗	机器在织造时把两根纬纱穿入
破洞		布面上有破洞	勾破
阴阳色差		朝阳和不朝阳看的效果都是不同的	与布的纹路等有关

由纱疵形成的面料疵点:由于原料的品质不良形成的面料疵点。如粗节纱、偏细纱、扭结纱、毛丝、亮丝等。

经向疵点:加工经纱本身的疵点,或者在织造中产生的经向疵点。如直条痕、粗经、松经、紧经、吊经、缺经、断疵、经缩、双经、筘痕、筘路、穿错、错经、针路、皮辊皱等。

纬向疵点:加工纬纱形成的或者在织造加工中形成的纬向疵点。如纬档、粗纬、稀密数、松纬、紧纬、断纬、纬缩、双纬、缺纬、亮纬、错纬、折痕、云织、百脚等。

边部疵点:在布边或者距布边一定距离内的疵点。如松边、紧边、破边、烂边、荷叶边、卷边、边撑疵、毛圈边等。

整修疵点:面料上的疵点经过整修后留下的痕迹。

(2)匹条核查。

A.工厂提供整洁干净、光照条件好的检验区域(高于80支光)(见图5-1-12)。

B.工厂提供大货码单及每卷的真实匹条,并按不同色光分为不同落色。

C.检验匹条数量和码单显示卷数是否相符。

D.检验各落色之间及同落色之间的色光差异,并做适当调整,不符合标准的拒收此卷。

E. 检验各匹条左中右色差及匹条疵点情况,不符合标准拒收此卷或指定将此卷调出检验。

图5-1-12　匹条核查

(3)核对色光。抽取各落色有代表性的匹条,在标准灯箱及指定光源下核对色光以及手感,印花/色织提花面料除了色光还要核对花型/循环尺寸/整体风格,不符合标准的拒收。

(4)色差。

A. 按每缸每匹编号剪 20cm×20cm。

B. 以上做好后,在对色灯箱(见图5-1-13)用光源对照。

C. 检验每匹内头中尾,左中右色差,印花之间段差。

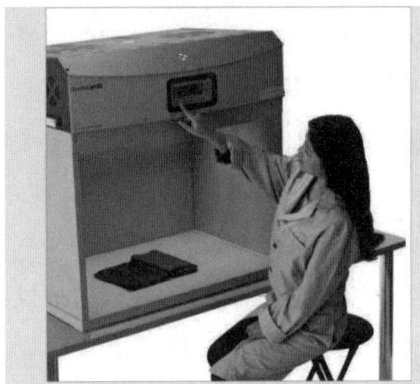

图5-1-13　核对色差

(5)色牢度。以"批"为单位,确保每批次都检测到。

水洗色牢度(深色面料),取成品布上 10cm×10cm 左右大小布块,用一次性水杯装 3/4 约 40℃水,加少许洗衣粉,浸泡30分钟,将布块取出常温晾干,与原来未浸水布块的颜色进行对比,看掉色情况(如图5-1-14)。同时看杯中水混浊情况。

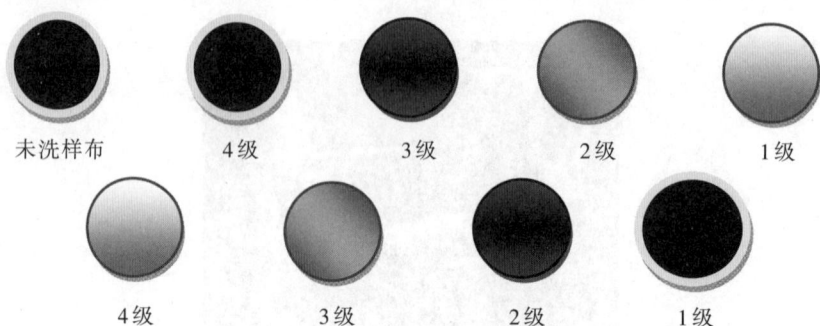

图 5-1-14　水洗色牢度对照

（6）取样测试，检验布面时，随机抽取大货样，签字后，将此样送达指定测试机构进行内在指标测试。

（7）留存各落色色样及测试报告。每一缸次的出缸样都是控制缸差（色差）的重要依据，将这些样板剪取适当的大小，排列整齐贴附在一起制成缸差板，方便对色和核对缸差。供应商自己保留所有生产批次的内部实验室测试报告，以备后续需要查看。

7. 成品检验质量统计，是指中检过程对产品的染色质量进行全面的记录，主要是通过产品质量检验报告来体现。跟单员应及时收集整理此张表格，使主管人员及时了解掌握染色生产的质量情况，从中可以发现生产管理和技术管理的问题，进而可以及时改善，使生产加工正常顺利进行。

成品检验工作通常是由质量检验部门（或品质控制部门）安排质检人员进行操作。成品检验操作应逐匹检验，并做出详细的检验报告（即验布表）。跟单员应保留一份检验报告，归入跟单档案中。

生产流程最后工序的成品质量检验工作，依据检验记录，跟单员也可以进行产量统计，挑出合格产品进行后续加工，不合格产品进行回修。

八、成品检测

纺织品检验：主要是运用各种检验手段对纺织品的品质、规格、等级等进行检验，以确定其是否符合标准或贸易合同的规定。

纺织品检测：是按规定程序确定一种或多种特性或性能的技术操作。也就是说，纺织品检测是一种按纺织品检测标准的规定，对纺织品的性能进行测试的技术操作过程。

纺织标准以纺织科学技术和纺织生产实践的综合成果为基础，经有关方面协商一致，由主管机构批准并以特定的形式发布，作为纺织生产、纺织品流通领域共同遵守的准则和依据。

1. 纺织标准的种类。

纺织标准大多为技术标准,按其内容可分为纺织基础标准和纺织产品标准,其中基础标准包括基础性技术标准(如各类纺织品的名词术语、图形、符号、代号及通用性法则等)和检测方法标准。

纺织检测标准是对各种纺织产品结构、性能、质量的检测方法所做的统一规定,具体包括检测的类别、原理、取样、操作步骤、数据分析、结果计算、评定及复验规则等。对使用的仪器、设备及试验条件(包括试验参数和试验用大气条件)也做了规定。各种纺织检测方法一般单独列为一项标准,有时(少数)也会被列入纺织产品标准的检验方法中。

纺织产品标准是对纺织产品的品种、规格、技术要求、评定规则、试验方法、检验规则、包装、贮藏、运输等所做的统一规定。纺织产品标准是纺织品生产、检验、验收、商贸交易的技术依据。

2. 纺织标准的表现形式。

纺织标准按其表现形式可分为两种,一种是仅以文字形式表达的标准,即"标准文件";另一种是以实物标准为主,并附有文字说明的标准,即"标准样品",简称"标样"。标样由指定机构按一定技术要求制作成"实物样品"或"样照",如棉花分级标样、棉纱黑板条干样照、织物起毛起球样照、色牢度评定用变色和沾色分级卡等。这些"实物样品"和"样照"是检验纤维及其制品外观质量的重要依据。

随着测试技术的进步,某些用目光检验,对照"标样"评定其优劣的方法,将逐渐向先进的计算机视觉检验方法的方向发展。

3. 纺织标准的执行方式。

纺织标准按执行方式分为强制性标准和推荐性标准。为保障人体健康、人身财产安全所制定的标准及法律、行政法规规定强制性执行的标准是强制性标准,其他标准为推荐性标准。强制性标准必须严格强制执行,违反强制性标准的,要由法律、行政法规规定的行政主管部门或工商行政管理部门依法处理。而推荐性标准虽然没有规定强制执行,是有关各方自愿采用的标准,但现行的国家或行业标准,不管是强制性的还是推荐性的,一般都等同或等效于采用国际标准,具有国际先进性和科学性。积极采用推荐性标准,有利于提高纺织产品质量,增强产品的市场竞争力。

4. 纺织标准的级别。

按照纺织标准制定和发布机构的级别、适用范围,可分为国际标准、区域标准、国家标准、行业标准、地方标准及企业标准。《中华人民共和国标准化法》中规定:我国标准分为国家标准、行业标准、地方标准和企业标准。其中适用于全国范围纺织行业的有国家标准和行业标准。

5. 纺织品贸易出货标准。

对于具体的产品来讲,由于纺织产品千差万别,而且新产品不断涌现,所以产品标准大多是企业标准。对于具有地方特色的某类纺织品,其产品标准以地方标准的形式出现,但机会并不多。而对于那些相对成熟的纺织品,则以行业标准居多。而在纺织品方面的国家标准中,纺织品的产品标准数量并不多。所以在纺织品贸易出货检验过程中,一旦有相关的地方标准、行业标准或国家标准,应采用更高级别的标准。

(1)国家标准:是国内的质量指标水平最高的标准。每隔一段时间,都会有新的标准替代老的标准,国家和地方的质量技术监督局和各行业协会都有专家负责跟踪国外、特别是发达国家和地区的产品标准的发展和变更。国家质量技术监督局、行业协会和业内专家十分关心纺织品类的各种检测方法标准,而且此类标准中的国家标准大多等同于采用了相关的国际标准。中国的国家标准用大写的汉语拼音"GB"来表示"国标",国标就是国家标准的简称。国家颁布的产品标准具有强制性。有时候国家还会发布一些推荐标准,以便于企业跟踪本行业国际前沿的发展道势。此类标准用大写的汉语拼音"GB/T"来表示。

(2)行业标准。对于纺织工业来说,原来的纺织工业部颁布的标准就是行业标准。自从纺织工业部转变成国家纺织工业总会以来,纺织行业的行业标准大多以国家标准的形式发布。在新发布的纺织类国家标准中,技术方法和测量方法的标准越来越多,产品标准越来越少。这也说明了纺织类产品的多样性越来越明显。

(3)地方标准。以地名出现的纺织产品数量不少,但是纺织产品的地方标准却很少出现。例如,南通特产的蓝色印花布就是一种具有鲜明地方特色的纺织产品,但是该产品却没有地方标准,而只有企业标准。当一个行业的产品可以极大地影响或改变人们的日常生活时,业内人士才会关心此类产品的产品标准,如电子计算机的操作系统标准、第三代手机的G3标准等。作为行业的领跑者,有权力制定高水平的行业标准,以此提高本行业的准入条件,把竞争者远远甩在后面。

(4)企业标准。我国许多企业标准处于标准水平的底端,但企业产品标准却在我国现行产品标准中占有重要地位。随着以来料加工为主要生产形式的民营企业逐渐成为中国印染行业的主力军,印染企业所制定的企业标准数量急剧减少。在来料加工过程中,客户标准是唯一的标准。专业化分工的结果使得民营的中小型印染企业在技术上和管理上无法承担开发新产品的义务。在这种情况下,要想不断提高本行业产品标准的制定水平几乎是不可能的。

(5)客户标准。对于印染企业来说,客户标准就是加工协议中的关于纺织品染整加工过程中的基本质量要求。因此,在与印染厂和纺织厂签订加工协议时,应该实事求是,不可提出过分的质量要求。当贸易公司提出过分的质量要求时,无论是纺织厂还是印染厂都不会轻易在这份加工协议上签字。

6. 常见检测项目。

布料一般检测比较全面的话,包括以下指标。

(1)物理指标,包括强力、克重、颜色色差、色牢度(包括水洗牢度、摩擦牢度、日晒牢度、耐汗渍牢度、耐氯漂牢度、耐唾液牢度等)、阻燃性能、洗后外观、洗后缩率、起毛起球等。

(2)化学指标,包括甲醛含量、pH值、有无异味、是否含禁用染料(可裂解芳香胺的偶氮染料)、是否含重金属、是否含荧光、是否含 APEO\NPEO\PFOS 等禁用表面活性剂等。

(3)服用性能,一般包括手感、平滑度、蓬松度、柔软度、色差级别等。

一般都是去专业的检测机构检测。其中,甲醛含量、pH值、有无异味、是否含禁用染料(可裂解芳香胺的偶氮染料)、是否含重金属等是国家标准强制要求做的。

常见检测项目有:

①色牢度(包括水洗牢度、摩擦牢度、日晒牢度、耐汗渍牢度、耐氯漂牢度、耐唾液牢度等):实际工作中比较关注的就是水洗牢度和摩擦牢度。

染色牢度:材料对变色或将自己的颜色转移到其他材料上去的抵抗力。这种变色或颜色的转移可能会在加工、测试、贮藏或使用的过程中发生。

摩擦脱色:通过摩擦使某种材料的颜色转移到其他材料上去的现象。

水洗牢度检测过程:取样品布上 10cm×10cm 左右大小布块,用一次性水杯装 3/4 约40℃清水,加少许洗衣粉,浸泡30分钟,将布块取出常温晾干,对比原来未浸水布块的颜色,看掉色情况(见图 5-1-15)。也可以和涤纶粘衬、棉粘衬一起放入洗衣机水洗。同时看杯中水混浊情况。

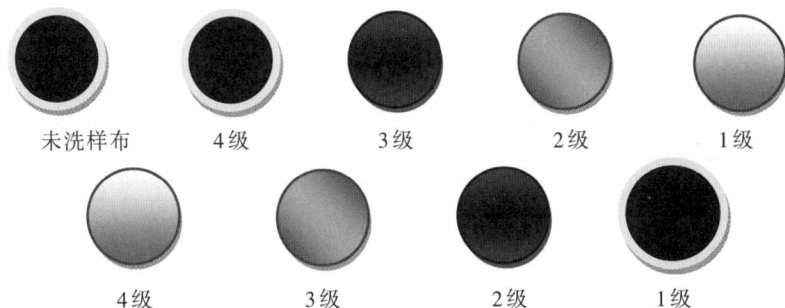

图 5-1-15　水洗色牢度对照

摩擦牢度检测过程:将一块着色试样固定在摩擦牢度实验器上,在受控制条件下用白色测试棉布与它摩擦。将白布和沾色灰卡或 AATCC 沾色色卡对比,以评定此白布的沾色度。

②尺寸稳定性(洗后缩率):进行完洗涤及干燥程序后,将样品分开放置在样品架上至少

4小时,大气温度为21℃±1℃,相对湿度为65%±2%。如用可直接读数的比率尺,计算第一次和最后一次的平均值,精确度为0.1%;如使用刻度尺,最小刻度为毫米或0.1英寸,则计算第一次及最后一次的缩水率%:$DC=100(B-A)/A$。

其中:DC=尺寸变化率,A=洗之前的尺寸,B=洗之后的尺寸。

7. 检测流程。

样布在客户要求寄送第三方检测机构进行检测时,应当是在做完后整理以后,取3—5米样品布寄送至第三方检测机构进行检测。一般地,检测机构检测时间是6—7天,如果需要加急,可以缩短为4天。其间跟单员需要做的事情有:

(1)取好样品,用快递寄出。

(2)填写纺织品测试申请表(见表5-1-8)。

(3)及时接收面料测试报告(见表5-1-9)。如果检测报告合格,则订单可以通知客户并安排发货。如果订单检测报告不合格,则返回上道工序,直到检测报告合格。

(4)客户确认后即可发货。

表5-1-8 TEXTILE TESTING APPLICATION
纺织品测试申请表   No:_____

(请用中文或英文填写此表内容;★号处为必填项目,一份申请表对应一份报告,请用中英文大写对照填写;两种版本同时申请,加收RMB240。报告完成后如需修改报告内容,将收取修改费RMB240/份。

英文报告 中文报告			
Applicant(申请单位) (显示在报告抬头)中英文		Buyer (买家)	
Address: (地址,中英文)		Post Code: (邮编)	
Contact Person: (联系人)	Tel: (电话)	Fax: (传真)	Email: (电子邮件)
Payer(付款单位)		Department(部门)	
Address(地址)		Post Code (邮编)	
Contact Person: (联系人)	Tel(电话): Fax(传真):	Fax: (传真)	Email: (电子邮件)
Report Delivered to:□Applicant □Payer (报告原件寄至) (上述申请方)(上述付款方) □By Fax □By Email (传真) (邮件)		Invoice Delivered to:□Applicant □Payer (发票寄至) (上述申请方) (上述付款方)	

Sample Description(样品描述)				
Color(颜色)		Supplier(供应商)		
Style No.(款号)		Exported to(出口目的国)		
Order No.(订单号)		End Uses(最终用途)		
Composition(成分)		No. of Sample(样品数)		

Care Instruction(使用须知标签)	*Care instruction should be indicated if applying for dimensional stability, color fastness to washing or appearance retention test.(如申请尺寸稳定性,皂洗牢度或外观持久性测试请务必注明使用须知标签) *对于尺寸稳定性测试洗涤后是否熨烫,除用符号表示外,请在方框内打√说明:□需熨烫　□不需熨烫

Test Required:please tick(√)as appropriate.
(请在所需测试项目前打√,或在空白栏中填写所需测试的项目)

Dimensional Stability(尺寸稳定性)	Physical(物理性能)	Chemical(化学性能)
□ Washing(水洗)：　□×1　　□×3	□ Tensile Strength (拉伸/断裂强度)	□ Fibre Content (成分分析)
□ Dry Cleaning(干洗)	□ 1 inch　　□ 2 inch	□ pH Value(pH值)
Appearance Retention(外观稳定性)	□ Tear Strength(撕破强度)	□ Formaldehyde Content (甲醛含量)
□ Washing(水洗)：　□×1　　□×3	□ Seam Slippage(接缝滑移)	□ AZO Test(偶氮测试)
□ Dry Cleaning(干洗)	□ Seam Strength(接缝强度)	
Color Fastness(染色坚牢度)	□ Bursting Strength(顶破强度)	Functional(功能性)
□ Washing(皂洗)	□ Abrasion Resistance(耐磨牢度)	□ Flammability (燃烧性能)
□ Perspiration(汗渍)	(　　　　　)cycles	□ Water Repellency (防水性能)
□ Water(水渍)	□ Pilling Resistance(抗起毛球性)	(　　)Spray Rating(泼水)
□ Dry Cleaning(干洗)	□ Snagging Resistance(防钩丝)	(　　) Rain Test(雨淋)
□ Actual Laundering(实际洗涤)	□ Yarn Count(纱线密度/纱支)	(　　) Hydrostatic Pressure Test(静水压)

□ Light(光照):( )级( )个褪色单位	□ Fabric Weight(织物重量)	Requirement(要求): mm
□ Rubbing/Crocking(摩擦)	□ Threads Per Unit Length(织物密度)	□ Air Permeability(透气性)
□ Sea Water(海水)	□ Stretch & Recovery(伸展及回复性)	□ Water Vapour Permeability(透湿性)
□ Chlorinated Water(氯水)	Accessories Test(辅料测试)	
CL浓度: PPM	□ Zipper Strength(拉链强度)	Other Testing(其他项目)
□ Chlorine Bleach(氯漂)	□ Durability of Zipper(拉链耐用度)	
□ Care Instruction(水洗方法验证/建议)	□ Attachment of Snap(纽扣紧固性)	
( )Recommendation建议( )Verification验证	□ Rust/Tarnish(防锈及防腐蚀性)	

Standards/Methods Used（采用标准/方法）:
□ ISO □ AATCC/ASTM □ AS □ BS □ DIN □ JIS □ CAN/CGSB
□ GB □ Others(please specify):＿＿＿＿＿＿＿＿＿

Service Required(服务种类): □ Regular(6—7 working days) (常规6—7个工作日) □ Express(4 working days) (加急,4个工作日,加100%附加费)	□Comment(评语) □Chinese Report(中文报告/额外收费)	Return remaining sample (是否要退还剩余样品): □Yes是 □No否 Return tested sample (是否退还测试样品): □Yes是 □No否
联系人:×× 电话:××××××××× 传真:××××××××× 手机:××××××××× 邮寄地址:无锡市滨湖区××××××××× Email:devil.shi@rdsgs.com	无锡客户服务中心:××××××××× 服务热线:×××××××××	
Authorized Signature and Company Chop (申请人签名及盖章):＿＿＿＿＿ Date(日期):＿＿＿＿＿	Received and Checked by Laboratory (实验室查收):＿＿＿＿＿ Date(日期):＿＿＿＿＿	
本申请是否涉及法律纠纷？ 如有,请说明: Is this application involved in legal proceeding? If yes,please specify the case.		

表 5-1-9　面料测试报告

面料名称			季节			报告单编号		
检测方式			条线			供应商		
面料种类	梭织	针织	面料是否水洗	是	否			
平方米克重			颜色					
测试项目			缸号					
			克重					
		计量单位	标准要求		测试结果			
1. 缩水率	经向	%	-3.0—0.0					
	纬向	%	-3.0—0.0					
2. 扭曲程度		%	≤5					
3. 色牢度	耐洗	变色	级	4				
		沾色	级	4				
	耐汗渍（酸性）	变色	级	4				
		沾色	级	4				
	耐汗渍（碱性）	变色	级	4				
		沾色	级	4				
	耐水渍	变色	级	4				
		沾色	级	4				
	耐摩擦	干摩	级	4				
		湿摩	级	3				
4. 顶破强力(不低于)		N	≥220					
5. 撕裂强力	经向	N	≥8					
	纬向	N	≥8					
6. 滑移	经向	mm	50N≤3					
	纬向	mm	50N≤3					
7. 断裂强力	经向	N	≥200					
	纬向	N	≥200					
8. 起毛起球		级	3—4					
9. 克重		GSM						
10. pH值			4.0—7.0					

105

结论			
检测人		日期	
业务员		日期	
综合结论			

九、头缸样整理报送及确认

在面料完成后整理定型后,跟单员王雷要对产品进行整理报送及跟踪客户的批核意见。

1. 头缸样样品的报送。

报送头缸样样品,是在内部评审通过后进行的跟单工作。

(1)进行样品的剪取(采样)。通常匹样样品应剪取整幅布面宽度,1m长度面积的样品(或按客户的要求而定)。

(2)折叠整齐,在样品上贴附样品的资料卡(在资料卡上填写单号、品名、颜色、规格、数量、门幅、克重等)。

(3)将样品寄给客户并及时通知客户寄样情况。

2. 客户批核意见跟进和处理。

(1)客户批复满意,客户确认以后的样品,可作为大货生产的标准对照样进行大货生产,同时技术和研发部门根据客户的质量要求制定出产品质量标准和检验标准,供相关部门使用,以保证产品质量。

(2)客户批复不通过,跟单员要及时通知工艺员根据客户意见调整工艺,重新进行头缸样的试产,直至客户确认。

(3)客户批核通过但有改进意见的,需将客户建议通知工艺员进行调整后,再进行大货生产。

思考题

1. 简述匹样或大货头缸样的生产跟单流程。

2. 为什么要进行第二次打样?

3. 跟单员在染色印花过程中要注意哪些方面?

4. 跟单员在后整理和定型过程中要注意哪些方面?

5. 纺织品贸易出货标准有哪些种类? 分别是什么?

6. 在新发布的纺织类国家标准中,技术方法和测量方法的标准越来越多,产品标准越来越少。这说明了什么?

任务二　大货生产跟单

任务情境

阳光公司跟单员王雷将头缸样样品寄给欧洲 ABC 公司后,客户对于头缸样样品非常满意,并指定将头缸样作为大货的标准对照样进行生产大货。

工作任务

王雷要根据客户对头缸样的确认,跟染厂确认好排单后对大货的生产进行跟进。大货生产加工的跟单操作,是跟单工作中的重点工作,也是印染生产跟单的核心工作。

一、染色分类跟单

在大货生产过程中,要将面料分颜色来进行生产。

1. 浅色面料先进行生产,在染色过程中跟单员要特别注意面料的颜色、克重、门幅、手感等问题。

2. 浅色完成后,如染厂技术人员和跟单员觉得面料颜色、风格、手感、品质等没有问题,可将船样先寄给客户确认,等客户确认再进行深色面料的染色。

3. 若浅色面料生产完成后颜色与客户确认样有区别,应先寄给客户确认,等客户确认,再对深颜色进行染色。如客户不确认,可将浅颜色面料回缸改成深颜色,再将剩余的白坯进行浅色染色。

二、色差控制跟单

1. 面料色差的种类。

面料色差主要有四种:(1)头尾差;(2)左中右色差;(3)匹差;(4)缸差

2. 色差产生的原因。

(1)染料在织物上先期分布不均匀,染料在固着之前如果在织物各部位上分布不匀,固色后必然形成色差。造成这种现象的主要原因有织物因素、吸液因素、预烘因素等。

(2)染料在织物上固着程度不同。尽管染料在织物上先期分布是均匀的,但在固着过程中,如果条件控制不当(如温度、时间、染化料浓度等),使织物上某些部位的染料没有得到充分固色,在后处理皂洗时即被去除,从而产生色差。

(3)染料色光发生变异。这种差异不是由于织物上染料分布不均匀造成的,而是由于某些原因引起织物上部分染料的色光发生变化,一般有以下几种原因:染前因素、染中因素、染后因素。

3. 跟单员对色差控制。

(1)控制头尾差:在染色面料后整理和定型完成后,分别在同一匹布中的头尾剪取匹条,在客户要求的光源下进行对色,看头尾匹条颜色是否一样。

(2)控制左中右色差:在染色面料后整理和定型完成后,剪取匹条在客户要求的光源下进行对色,看匹条左中右颜色是否一样。

(3)控制匹差:在面料染色完成后,可以在同一缸次的不同匹中分别剪去一块,烘干后进行对色。

(4)控制缸差:在面料染色完成后,跟单员可在不同缸次的面料中分别剪取一块,烘干后进行对色,看不同缸次同一颜色的面料颜色是否一样,如一样再进行大货的后整理和定型。

三、大货检验跟单

成品质量检验是生产过程的最后一个环节,应严格把关重点跟进。成品检验操作应准确客观,真实记录产品质量结果。应要求质检人员按客户的质量要求(或质量标准)逐匹检验,不合格的产品绝不能出厂交付。同时跟单员应做好成品质量情况的统计整理工作,上报有关人员。

成品质量的检验,应注意所使用的检验标准、检验程序、检验条件(设备、光源)、检验方法等是否与客户(或标准)的要求相一致,以保证结果的客观性和准确性。通常客户会指派质检人员(QC)到厂抽检成品,跟单员应积极配合、相互交流,以保证产品能够顺利交付。

对于跟单员来讲,可以在检验中帮助工厂准备以下项目。

1. 检验场地。

检验场地基本可以分为待检产品区域、检验区域、次品堆放区域、回修返工产品堆放区域、正品堆放区域和产品包装区域。有些工厂产品包装区域可以另设场地,但大多数工厂内部产品检验场地内都设有产品包装区域。检验场地是产品检验车间的主体,光线柔和、阳光不直射,保持良好通风,场地相对密闭,安全通道相对宽敞,是对检验场地的基本要求。同时,检验车间设有两个大门,便于产品的运输和最终成箱的产品装入集装箱。

（1）待检区域和检验区域

待检区域主要用来堆放还没有检验的产品。待检区域可以设置在检验场地内部距离检验车间大门不远,同时距离检验区域也不太远的位置。待检产品的堆放必须不能直接接触地面。用大型塑料车斗或用可移动的垫有木架的装置液压滑轮车装载染整加工成品,可以极大地减少检验过程造成的对织物的玷污。

检验区域一般在检验车间的中央部位,主要由检验工作台和照明系统两部分组成。返工返修织物用的退卷支架和检验用的辅助工具必不可少。工作台的宽度应该在160cm左右,太宽或太窄都会影响产品检验效率。工作台的高度在80—90cm之间,过高,检验员无法修补位于产品中部的疵点;过低,检验员会因检验中操作姿势不当而引起过度疲劳。放大镜、镊子、锥子、修剪用的小剪刀和开匹用的大剪刀等辅助工具都必须由检验组长负责保管,工作结束后放入工具箱内。照明装置必须顺着检验工作台的走向延伸。照明装置的高度必须适中,过高会影响照明效果,使检验工作台台面亮度不够;过低可能会经常碰撞检验者头部,有可能引发安全事故。照明系统的开关可以单独设置,如果照明系统的开关设置在检验台上部的照明系统旁边,也有可能引起安全事故。

（2）次品堆放区域

次品堆放区域可以设置在检验车间内部的角落里。当次品的总量达到一定数量时,可由贸易公司主管指派专人联系专门做收购次品的前来看货。以2%的比例计,10000m的订单允许有200m的次品。一个中型的贸易公司每个月的订单数量应该在15万m左右,那么每个月产生的次品数量在3000m左右。一般情况下,外贸产品次品销售价格在5元/m左右,那么对于贸易公司来说,每个月3000m次品可以产生15000元的营业外收入。这些收入基本可以支付每个月产生的纺织品检验费用和打卷费用。

（3）回修返工产品堆放区域

对于纺织品来说,回修或返工的意义略有不同。回修是通过一定的工艺流程和工艺要求重新对产品上存在的不足加以弥补或改善。对于在染整加工中出现的可能通过重新加工弥补或改善的疵点,可以采用回修的方法;而对于那些无法通过回修加以弥补或改善的疵点,就只能采取返工的方法进行加工。通常使用的返工方法就是改色。对于纺织厂产生的疵点,有些可以通过染整加工的返工方式改善这类疵点的存在方式。对此,贸易公司应该再次支付染厂的染整加工费。而对于那些因染厂本身的原因在加工中造成的返工,贸易公司没有理由再次支付加工费用。回修返工产品的摆放可以分两步进行。首先,检验工发现需要返工回修产品后,需要得到检验组长的确认,确认后在纺织品标牌上注明疵点种类,并放入位于检验工作台旁边的返工回修专用布车里。检验车间的装卸工定期收集这些需要返工回修的纺织品,集中堆放于回修返工产品堆放区。染整跟单员定期与工厂生产主管商议,安排此类产品回修或返工。

(4)正品堆放区域

按照客户提出的检验标准,检验合格的产品为正品。在检验车间内部,随着待检产品数量的逐渐减少,正品数量就会逐渐增加。因此正品堆放区域需要较大面积。正品堆放区域应该距离产品包装区域较近,否则可能会引起产品检验时检验车间内部的混乱状况。随着正品堆放区域的逐渐扩大,产品包装工序必须进入工作状态,否则也可能造成检验车间内部过分拥挤。正品堆放过程中,不仅要考虑纺织品堆放高度必须合适,还必须考虑留出必要的安全通道。

(5)产品包装区域

产品包装工序是纺织品加工的最后一道工序。为了便于产品装箱,包装区域可以设置在距离检验车间大门较近的地方,但是绝不能因为距离大门较近而发生成箱的纺织品暴晒、淋雨、浸水等现象。检验车间大门外的排水系统必须能够正常工作;否则,一旦发生成箱纺织品浸水现象,后果会相当严重。正品装箱后叠放不宜过高,底层需垫有木架,包装区域需留有安全通道,便于成品最终装入集装箱。

知识加油站

一、工厂里的PMC、PC、MC和QC职位是什么意思?

PMC:Production Material Control 的缩写形式,意思为生产及物料控制。通常它分为PC和MC两个部分。

PC:生产控制或生产管制(台、日资公司俗称生管),主要职能是生产的计划与生产的进度控制;

MC:物料控制(俗称物控),主要职能是物料计划、请购、物料调度、物料控制(坏料控制和正常进出用料控制)等。

QC:有些推行ISO 9000的组织会设置这样一个部门或岗位,负责ISO 9000标准所要求的有关质量控制的职能。担任这类工作的人员就叫作QC人员,相当于一般企业中的产品检验员,包括进货检验员(IQC)、制程检验员(IPQC)和最终检验员(FQC)。

二、产能分析主要针对哪几个方面?

产能的分析主要针对以下几个方面:

1. 做何种机型以及此机型的制造流程。

2. 制程中使用的机器设备(设备负荷能力)。

3. 产品的总标准时间,每个制程的标准时间(人力负荷能力)。

4. 材料的准备前置时间。

5. 生产线及仓库所需要的场所大小(场地负荷能力)。

三、生产排期应注意什么原则?

生产计划排程的安排应注意以下原则:

1. 交货期先后原则:交期越短,交货时间越紧急,越应安排在最早时间生产。

2. 客户分类原则:客户有重点客户、一般客户之分。越重点的客户,其排程应越受到重视,如有的公司根据销售额按ABC法对客户进行分类,A类客户应受到最优先的待遇,B类次之,C类更次。

3. 产能平衡原则:各生产线生产应顺畅,半成品生产线与成品生产线的生产速度应相同,机器负荷应考虑,不能产生生产瓶颈,出现停线待料事件。

4. 工艺流程原则:工序越多的产品,制造时间愈长,应重点予以关注。

四、PMC管理做得差,容易造成什么现象?

PMC的计划能力、控制能力及沟通协调能力做得差,容易造成以下一些现象:

1. 经常性的停工待料:因为生产无计划或物料无计划,造成物料进度经常跟不上,以致经常性的停工待料。

2. 生产上的一顿饱来一顿饥:因为经常停工待料,等到一来物料,交期自然变短,生产时间不足,只有加班加点赶货,结果有时饿死,有时撑死。

3. 物料计划得不准或物料控制得不良:半成品或原材料不能衔接上,该来的不来,不该来的来了一大堆,造成货仓大量堆积材料和半成品,生产自然不顺畅。

4. 生产计划表仅起形式上的作用。生产计划与实际生产脱节,计划是一套,生产又是一套,生产计划根本不起作用,徒具形式。

5. 对销售预测不准或对产能分析不准,不能针对产能进行合理安排,没有空留余地,生产计划的机动性不强,生产计划变更频繁,紧急订单一多,生产计划的执行就成了泡影。

6. 计划、生产及物料进度协调不强,影响交货期,损害公司声誉。

7. 生产经常紊乱,品质跟着失控,造成经常性返工,经常返工又影响生产计划的执行,从而造成恶性循环。

2. 检验人员。

对于检验人员的基本要求可从以下几方面入手。

（1）文化程度

文化程度过低，在理解客户要求时可能会出现较大偏差。检验员必须具有初中以上文化程度，对于正规的为客户提供优良服务的染厂检验车间来说，检验员具有初中文化程度的要求并不高。但是对于那些工作勤奋、任劳任怨的年龄偏大的农村女性来说，这个条件就显得相当高。经过长期的生产实践和系统培训以后，那些年龄偏大、文化程度偏低的农村中年女性检验员能完全胜任纺织品检验员的工作岗位。

（2）年龄

年龄偏大以后，劳动者的体力和精神状态都会出现明显的衰退。究竟哪个年纪的劳动者更适合做纺织品检验员，并没有明确的规定，在不同区域，劳动者年龄结构有些差异。一般情况下，45岁以下的劳动者都可以胜任纺织品检验员工作岗位。

这个岗位对于检验员的视力要求较高。无论是近视镜还是老花镜，戴眼镜做检验员的数量都不多。

知识加油站

常见的检验方法有如下几种。

1. 全数检验与抽样检验。

全数检验就是对待检产品整批100%地逐一进行检验，又称全面检验或100%检验。这种质量检验方法适用于生产批量很少的大型机电设备产品，大多数生产批量较大的产品，如电子元器件产品就很不适用。当质量检验具有破坏性时，例如电视机的寿命试验、材料产品的强度试验等，全数检验更是不可能的。

抽样检验是从一批交验的产品（总体）中，随机抽取适量的产品样本进行质量检验，然后把检验结果与判定标准进行比较，从而确定该产品是否合格或需再进行抽检后裁决的一种质量检验方法。抽样检验适用于一般商品的检验，应用非常广泛。

2. 计数检验与计量检验。

计数检验是在抽样的样本中，记录每一个体有某种属性或计算每一个体中的缺陷数目的检查。计数检验的计数值质量数据不能连续取值，常用不合格数、疵点数、缺陷数等表示。计量检验的计量值质量数据可以连续取值，常用长度、容积、重量、浓度、温度、强度等表示。

3. 理化检验与感官检验。

理化检验是应用物理或化学的方法,依靠量具、仪器及设备装置等对受检物进行检验。理化检验通常测得检验项目的具体数值,精度高,人为误差小。理化检验是各种检验方式的主体,特别受到人们的关注。

感官检验就是依靠人的感觉器官对质量特性或特征做出评价和判断。如对产品的形状、颜色、气味、伤痕、污损、锈蚀和老化程度等,往往要靠人的感觉器官来进行检查和评价。因此,感官检验的结果往往依赖于检验人员的经验,并有较大的波动性。虽然如此,但由于目前理化检验技术发展的局限性,以及质量检验问题的多样性,感官检验在某些场合仍然是质量检验方式的一种选择或补充。

4. 破坏性检验与非破坏性检验。

破坏性检验后,受检物品不再具有原来的使用功能,如寿命试验、强度试验以及爆炸试验等。破坏性检验只能采用抽样检验方式。

非破坏性检验不会影响受检物品的使用价值,可以采用全数检验方式。

5. 固定检验与流动检验。

固定检验就是集中检验,是指在生产企业内设立固定的检验站,各工作现场的产品加工以后送到检验站集中检验。流动检验就是由检验人员直接去工作现场检验。

6. 验收检验与监控检验。

验收检验广泛存在于生产全过程,如原材料、外购件、外协件及配套件的进货检验,半成品的入库检验,产成品的出厂检验等。验收检验的目的是判断受检对象是否合格,从而做出接收或拒收的决定。

监控检验也叫过程检验,目的是检验生产过程是否处于受控状态,以预防由于系统性质原因的出现而导致不合格品的大量出现,如生产过程质量控制中的各种抽样检验就是监控检验。

3. 跟单员应做好不合格品的标志、记录、隔离和处置。

(1)不合格品的标志

已经发现并确认产品不合格时,应立即对不合格品做标志。

标志的内容一般有产品的型号、件号、名称、规格和厂名、商标等。对于大批量生产的产品,可用批次号、生产的日期等来区分。

标志的形式一般有黏贴标签、挂标牌、打钢印、记号笔手写、喷墨射印、电笔刻蚀和条码等,也可采用随行文件(如流传单)的方式。标志的部位一般在产品上、包装上、料架上、专用手推车上等。

(2)不合格品的记录

在采购、储存、生产、试验、检验和交付等过程中,发现任何不合格都必须报告,并由检验员填写不合格品报告书。

(3)不合格品的隔离

确认产品不合格,并按规定做好标示和记录后,检验员应将不合格品进行隔离,将其存放在指定的位置,如隔离库、隔离柜、隔离箱等。不合格品在隔离期间和不合格品报告未被批准前,由检验员负责保存,其他人无权动用。

(4)不合格品的处置

不合格品经过质量控制以及生产部门负责人评审后,根据不同的条件可采取以下相应的处理方法:可以回修的返回前道工序回修,不能回修的统一管理,放入仓库,有机会时打折出售。

4. 产品质量问题的统计分析。

产品质量情况,是从检验结果统计分析出来的,因此要求跟单员在工作中注意收集记录和整理有关的资料,特别是中检、成品检验的质检报告。另外每月应进行一次质量分析,对影响产品质量的因素进行深入研究,提出改进措施,进一步提高产品质量。

产品质量问题的统计分析,可采用统计表格的方式,分析产生成品质量异常的原因,统计回修量、退货回修量数据,追究造成质量问题的责任,从而达到质量考核、加强管理、提高产品质量的目的。

四、大货检测跟单

样布在客户要求寄送第三方检测机构进行检测时,应当是在做完后整理以后,取3—5米样品布寄送至第三方检测机构进行检测。一般来说,检测机构检测时间是6—7天,如果需要加急,可以缩短为4天。

跟单员需要做的事情有:

1. 取好样品,用快递寄出。

2. 填写检测申请表。

3. 及时接收检测报告,如果检测报告合格。则订单可以通知客户并安排发货;如果订单检测报告不合格,则返回上道工序,直到检测报告合格。

4. 客户确认后即可发货。

五、大货回修跟单

产品的回修是一件费时费力、增加成本的事,任何染厂都不希望有回修的情况出现,但这个情况有时也无法避免。回修是一种重复性生产的过程,这一工作相当于将前面的工作重新做一遍,但内容稍有不同。跟单员在产品回修时要做好以下几项工作。

1. 回修准备工作。

准备回修资料和开具单据,主要包括回修的数量和品种,开具回修通知单,制定回修工艺。

回修通知单可根据主管人员的安排,由跟单员具体开具,回修通知单中应注明回修原因,并且要特别注明"回修"字样,以便操作人员明确回修的原因和目的,避免与正常的生产加工混淆。

2. 回修进程安排。

回修的关键是在确保回修质量的前提下,尽快完成面料的回修,不影响大货的出货时间。一般情况下,对较小的疵点(如白点)只做用笔涂黑等工作,可以进行放码,也可以给客户一定的折扣。但是如果疵点多,回修问题多,一时无法完成的,则需要从坯布厂和染整厂两方面找原因。如由于回修而最终影响大货的出货时间,有可能会导致客户因延期交货而取消订单或进行索赔,会给公司带来巨大的损失。

回修过程,跟单员要特别注意回修的进度。统计回修后的数量,剪板对色的同时计算出产品数量,与合同所要求的数量进行核对。

回修工艺是针对染色后面料出现的质量问题而采取的措施,有时也可以采取剥色重染的方式,但容易对面料的性能产生较大的影响。因此,回修方式要正确有效。

跟单员王雷在中检过程中发现有1000m染色布(靛青)颜色偏深,需重新回修。王雷根据实际情况填制产品回修明细单(见表5-2-1)和产品回修统计表(见表5-2-2)。

表 5-2-1　产品回修配缸明细单

客户名称:阳光公司				
客户单号:T018-12 回修单位:天元公司			生产单号:T018-12 回修日期:	
产品名称	全棉府绸染色			
使用坯布	全棉府绸			
坯布规格	面密度	g/m²	幅宽	cm/英寸
成品规格	面密度	260g/m²	幅宽	160cm/英寸

续表

客户名称:阳光公司						

客户单号:T018-12　　　　　　　　　　　　　　　　　生产单号:T018-12

回修单位:天元公司　　　　　　　　　　　　　　　　　回修日期:

缸号(批号):	LOT2			缸次	LOT2

回修原因及说明: 颜色偏深

回修布明细					
编号	布号	数量(kg/m)	编号	布号	数量(kg/m)
C#2		1000m			

备注:

跟单:王雷　　　　　日期:

表5-2-2　产品回修统计表

客户	单号	品种	颜色花型	缸号批号	加工数量	回修数量	回修原因	回修率	处理措施	回修结果	备注
阳光公司	T018-12	全棉府绸	黑色	LOT2	2000M	1000M	颜色偏深				

主管:　　　　　　制单:　　　　　　　　　跟单:

3. 面料常见的疵点与回修方法(见表5-2-3)

表5-2-3　面料常见的疵点与回修方法

面料常见疵点与回修方法	纬档	即门幅中有明显的织造印痕,在布面呈现或深或浅的平行条纹
	松经	经长方向有一根或数根松弛的纱线,可通过拉挑等作业改善此问题
	断经	经长方向缺少一根或数根不连续纱线,在布面呈现明显的稀条透光
面料常见疵点与回修方法	断纬	纬线出现一段或数段不连续的纱线
	纬斜	纬线呈歪曲状,一般可以允许在5cm以下,若影响使用可做回修处理
	蛛网	严重的破洞,即布面有严重的断经断纬交错,导致组织不清,表面破损
	小破洞	有连续的两到三根纱断裂,造成的孔眼
	色纱、飞纱	缠绕或附着于纱线或布面上的异常纱线,基本可修补
	油丝、油迹、色印	布面或纱线有油的痕迹或杂色的痕迹,可通过喷洗作业来消除或改善,如严重不可修补
	色花	布面存在明显的色彩不匀现象
	跑花	花色偏离了应该的位置造成花色不协调
	脱浆	在花色中缺少某色
	拖浆	在花色的下方有明显的颜色拖痕
	色点、色线	在不应该的地方出现其他色的点或线,在布面一般从间断的规律呈现。轻微的可做喷洗作业来减轻或消除,如严重的则不可修补
	漏沙和网印	同花色的颜色在没有该色的地方出现小色点或小色线,一般呈规律性连续出现,基本不影响效果
	白点和塞网	即有颜色的地方出现白点或浅点,可通过点色来减轻或消除,如严重的不可修
	纱线滑移或纰裂	一般出现在纱的上面,由于受到张力而产生某个方向的滑移
	绣花的松紧线	一般会出现两根纱线的分离和结合的交错,对花型效果有一定的影响
	粗纱、结点	布面出现异常的粗线,通过修剪作业来减轻或消除,如严重的不可修

面料常见疵点与回修方法	绒布掉毛	略
	复合面料的接头	必须做断开处理
	数量短缺	超出2%长度的,应及时上报处理
	门幅不足	应上报做回修处理
	异味	应上报做回修处理
	面料门幅中花型不全	应上报做回修处理

思考题

1. 面料色差有哪些?

2. 引起面料色差的原因有哪些?

3. 跟单员在面料染色过程中应如何控制色差?

项目六　包装跟单

　　出口产品包装是商品生产的继续,是商品进入流通领域的必要条件,也是实现商品使用价值和增值的一种手段。出口产品要涉及产品的销售包装和运输包装,跟单员应在进行生产进度和品质控制跟单的同时,做好出口产品的包装跟单,根据客户对包装的要求,选择合适的包装材料和包装方式,并及时做好入库或装运工作。

　　包装材料主要有瓦楞纸包装、木制包装、塑料包装、膜类包装等多种,各种材料的包装各有其优缺点,跟单员要根据客户的要求及产品的性质进行选择。对于面料而言,大多以塑料袋或编织袋等作为包装材料。

　　商品的包装方式有裸装、包装、散装,一般根据产品性质进行选择。对于需要进行包装的产品而言,根据包装在流通过程中所起作用的不同,又可以分为运输包装和销售包装两种。包装方式一般需要在合同中明确约定,作为跟单员需要有一定的了解。

　　包装跟单的关键是确定产品唛头,在实际业务中,产品唛头一般由买方指定。但是,买方在商品临近出口期限还未将唛头告知卖方的情况下,卖方需要催促买方并有权自行决定唛头。

任务一　选择合适的包装材料

任务情境

阳光公司跟单员王雷及时关注天元公司的生产进度,并管控好面料的品质。此后,王雷便着手处理包装事项。

工作任务

跟单员王雷认真查看了合同的包装条款,确定了产品包装材料。

包装是指按一定的技术方法,采用一定的包装容器、材料及辅料捆扎货物。除了散装产品,一般产品都要进行包装才能出厂。包装材料有木制品、金属制品、玻璃和塑料制品包装等种类。在纺织品包装上,使用较多的是纸制品、木制品、塑料制品包装。

一、瓦楞纸包装

瓦楞纸包装材料广泛应用于纺织品服装的包装上,主要用作运输包装。

瓦楞纸板主要由两个平行的平面纸页作为外面纸和内面纸,中间夹着波形的瓦楞心纸,各个纸页由涂到瓦楞楞峰的黏合剂黏合到一起。

1. 瓦楞纸的特点。

瓦楞纸质量轻、成本低,具有良好的保护性,成型简便,而且可折叠,仓储运输成本都很低。瓦楞纸包装的产生和使用撼动了传统的木箱包装业的主体地位,逐渐成为使用最广泛的包装材料之一。

2. 瓦楞的楞型。

瓦楞纸在结构上的特征,是压成波纹的瓦楞,瓦楞是瓦楞纸的主体。使用质地相同的面纸和芯纸制成瓦楞纸板,如果瓦楞的形状不同,瓦楞纸板的性能也不同。现在,世界各国使用的瓦楞纸,其楞型(见表6-1-1)共有A型楞、B型楞、C型楞、E型楞几种,以A型楞最厚,依次E型楞最薄。理论上讲,同样的材质,厚度与挺度成反比。纸箱按瓦楞板的层数可以分为三层、五层、七层箱以及特种箱,强度以三层最弱、七层最高,当然也与纸张材料的使用有直接关系。

表 6-1-1　瓦楞的楞型

楞　型	特　点	适用范围
A 型楞	单位长度内的瓦楞数量少而瓦楞最高	适合包装较轻的物品,有较大的缓冲力
B 型楞	单位长度内的瓦楞数量多而瓦楞最低	适合包装较重和较硬的物品,多用于罐头和瓶装物品等的包装
C 型楞	单位长度的瓦楞数及楞高介于 A 型楞和 B 型楞之间,性能则接近于 A 型楞	近年来随着保管、运输费用的上涨,体积较小的 C 型楞受到人们的重视,现已成为欧美国家采用的楞型
E 型楞	在 30cm 长度内的楞数一般为 95 个左右,楞高约为 1.1mm,与外包装用的 A、B、C 型瓦楞相比,具有更薄更坚硬的特点	开发 E 型楞主要目的是将它做成折叠纸盒以增加缓冲性。用 E 型楞制成的瓦楞纸盒,外表美观、表面光滑,可进行较复杂的印刷。因此通常用于装潢性瓦楞纸盒

对于瓦楞纸的好坏也是有鉴别标准,见表 6-1-2。

表 6-1-2　瓦楞的楞型标准

楞　型	楞高,mm	楞数,个/300mm
A	4.5—5	34±2
C	3.5—4	38±2
B	2.5—3	50±2
E	1.1—2	96±4

3. 瓦楞的波形形状。

构成瓦楞纸板的波形瓦楞纸的楞形形状有 V 形、U 形和 UV 形。

V 形瓦楞波形的特征是平面抗压力值高,使用中节省黏合剂用量,节约瓦楞原纸。但这种波形的瓦楞做成的瓦楞纸板缓冲性差,瓦楞在受压后不容易恢复。

U 形瓦楞波形的特征是着胶面积大,黏结牢固,富有一定弹性。当受到外力冲击时,不像 V 形楞那样脆弱,但平面扩压力强度不如 V 形楞。

根据 V 形楞和 U 形楞的性能特点,目前已普遍使用综合二者优点制作的 UV 形瓦楞辊。加工出来的波形瓦楞纸,既保持了 V 形楞的高抗压能力,又具备了 U 形楞的黏合强度高,富有一定弹性的特点。目前,国内外的瓦楞纸板生产线的瓦楞辊均采用这种 UV 形状的波形瓦楞辊。

4. 瓦楞纸箱的箱型结构。

瓦楞纸箱的箱型结构,在国际上普遍采用由欧洲瓦楞纸箱制造商联合会(FEFCO)和瑞士纸板协会(ASSCO)联合制定的国际纸箱型标准。这一标准经国际瓦楞纸板协会批准在国际通用。瓦楞纸箱的箱型结构,按照国际纸箱箱型标准,纸箱结构可分为基础型和组合型两大类。基本箱型,在《中华人民共和国国家瓦楞纸箱标准GB/T 6543—2008》中有图例可查,一般用四位数字表示,前两位表示箱型种类,后两位表示同一箱型种类中不同的纸箱式样。例如,出口用针棉制品的箱型采用GB/T 6543—2008标准0201型。

(1)开槽型纸箱(02型)为最常用的外包装纸箱之一,基本由一片瓦楞纸板组成,通过钉合或黏合等方法将接缝封合制成纸箱,有顶部及底部折片(俗称上、下摇盖)构成箱底和箱盖。运输时可以折叠平放,使用时箱盖封合。

(2)套合型纸箱(03型)是由几页箱坯组成的箱,其特点是箱体与箱盖(顶盖、底盖)分开,使用时箱盖和箱体是套接的。

(3)折叠型纸箱(04型)通常由一片瓦楞纸板组成,折叠而成箱的底,不用钉合或黏合。

制造瓦楞纸箱使用的瓦楞纸板各项技术指标应符合GB/T 6544—2008《瓦楞纸板》的规定,每种具体产品用瓦楞纸箱的标准或技术要明确规定或由供需双方商定。

二、木制包装

木制包装是用天然生长的木材或人工制造的木材制品作为材料的包装容器。

木制包装容器的主要特性是能抗弯曲破裂,它在包装容器中所占比重较大。采用的材料主要是木材,这种容器一般用于商品的外包装,主要是因为它抗压、抗冲击,机械性能较好;同时它便于商品在运输、储存中垛码,充分利用仓库容积,对商品起到良好的保护作用。

木制包装容器主要有以下两种类型。

1. 木制箱。

木制箱是物品流通中广泛采用的一种包装容器,其用量仅次于瓦楞纸箱。木制包装箱主要有以下三种。

(1)钉板箱,是一种用钉子订制而成的包装箱,一般用于小型包装容器,能装载多种性质不同的商品。其优点主要有:①具有抵抗碰撞和冲击的良好性能;②能耐较大的堆积负荷;③制作方便;④便于排列整齐和设置支撑。但钉板箱的箱体较重,体积大,不便回收,而且防水性能较差。

(2)捆板箱,是一种轻量木制包装箱。箱的六面拆开时可以折合起来,两端用两块加强板做支撑,用其余四块板捆包起来,即成为一个六面体的捆板箱。其主要特点是可折叠,存放占用空间小,质轻板薄,装载货物重量一般不应超过200千克。

（3）框架箱，是一种将木板条钉合成各种结构形式的框架，用这种框架再组合成包装箱。框架实质上成为箱子的骨架，因此具有较好的抗震和抗阻能力。适合包装的重量为500—1500千克。框架箱按其外板的覆盖方法和组合方式可以分为密封式、密封胶合板式和条板式三种。

2. 木桶、圆捅。

（1）木桶，是一种传统的木制容器，用来盛装酒、酱、醋等液体。其主要优点是耐盐碱的腐蚀，不变味，不变色。

（2）圆桶，是一种圆形的木制包装容器。其优点有：①搬运时可滚动，减轻搬运人员的劳动强度；②成本低，可反复使用；③有较强的化学抵抗力；④有较强的耐冲击力，牢固耐用。但圆桶储运不便，空桶存放占空间大。

三、塑料、膜类包装

在面料运输包装上，通常使用塑料薄膜进行防潮，服装包装的销售包装和运输包装都要用到塑料薄膜或者塑料袋，一方面防潮防粘污，另一方面起装饰作用。塑料材料成为在纺织品的包装上使用最普遍的包装材料，其主要形式为塑料薄膜和塑料袋。

塑料袋的主要成分有聚乙烯塑料、聚氯乙烯塑料、聚丙烯塑料、聚苯乙烯塑料、聚酯塑料、聚酰胺塑料。

1. 聚乙烯塑料（PE）。

PE是一种乳白色蜡状半透明材料，柔而韧，比水轻。聚乙烯的优点很多，如轻便、韧性好、无毒、较优良的电绝缘性、耐寒、耐辐射、易于切割等。PE被广泛地用于药物和食品包装中。使用保管注意事项：不宜盛放煤油、汽油，不能长期盛放食油、酒，陈列样品时要避免强光照射，以免褪色老化。

2. 聚氯乙烯塑料（PVC）。

优点：耐酸、碱、盐的腐蚀，不易燃烧，耐磨，耐油性能高于橡胶，价格低廉不易破碎。

缺点：耐热性差，使用温度在46℃左右，遇热变软，遇冷变硬，透明性差，加入某些增塑剂的制品有毒性，不宜放食品。可用来制成各种薄膜、包装袋、瓶杯、盘、盒等。

3. 聚丙烯塑料（PP）。

优点：无毒，有较强的刚性和曲折性，可以用来蒸煮消毒，透明度比聚乙烯高，比重轻。

缺点：耐油性、耐光性差，易老化，受重力冲击易破磨。使用中须避免受阳光长期照射，以免加速老化，商店陈列样品要经常调换，切忌与铜器接触。可用来制成各种薄膜、包装袋、瓶、杯、盘、盒等。不宜长期存放植物油和矿物油。

4. 聚苯乙烯塑料(PS)。

特点:透明度高,色泽多样鲜艳,刚硬,敲击时有清脆的音响,无毒无味。

缺点:脆性大,冲击强度低,耐油性差,表面硬度低,使用温度在75℃左右。注意避免与有机溶剂和樟脑接触。PS可制成各种桶、瓶子、杯子、盘子,用于盛装食品、酸或碱。

5. 聚酯塑料(PET)。

PET是一种无色透明又有光泽的薄膜,有较好的韧性和弹性、较高的机械强度和耐热性,作为一种优良的食品包装材料,特别适宜做饮料的包装。

6. 聚酰胺塑料(PA)。

优点:耐磨性好,不易断裂,能耐弱酸弱碱,无毒无味,在水中不易腐烂。

缺点:耐热性差,长期使用温度在80℃左右,常温下能溶于苯酸、甲酚和浓硫酸。

注意:储存时不能暴晒受热,以免变形。

PA主要用于软包装,特别是在食品包装上应用很广。广泛用于油脂类、冷冻食品、真空包装食品、蒸煮袋装食品、奶制品等的包装。

四、其他包装材料

1. 金属材料:有牢固、抗压、不碎、不透气、防潮等性能。因此金属包装为保护商品提供了良好条件。

2. 玻璃材料:透明、清洁、美观,有一定的机械强度和良好的化学稳定性,易封闭,价格便宜,可多次周转使用,资源丰富;但是其分量重,易碎。常见的有瓶、罐、缸以及玻璃复合材料。

3. 纤维织品:传统的纤维织物主要有麻袋和布袋,其耐用、不污染,便于回收利用,使用方便。目前,化纤织物包装材料,因为比天然纤维织物更具有强度大、吸湿性小、轻便、耐腐蚀、易清洗等优点而被广泛使用。

4. 竹、柳、草编织品:就地取材,成本低,透气性好,适宜包装生鲜商品,适用于部分土特产和陶瓷产品等。

5. 复合包装材料:复合材料就是把几种不同的材料,通过特殊的加工工艺,把具有不同特性材料的优点结合在一起,成为一种完美的包装材料。复合材料的种类很多,如玻璃与塑料复合,塑料与塑料复合,铝箔与塑料复合,铝箔、塑料与玻璃纸复合,不同纸张与塑料复合,等等。

6. 包装辅料:包括干燥剂、防锈剂,缓冲材料,捆扎材料,黏合剂,胶带,礼品装饰材料等。这些材料对保护内装物,提高商品价值,美化装饰商品销售包装等有着重要作用。

根据包装材料和交易商品(面料)的特点,王雷选择塑料袋和编织袋作为包装材料。

思考题

思考图6-1-1—图6-1-6中产品的特性,说说可以选择的包装材料有哪些。

图6-1-1

图6-1-2

图6-1-3

图6-1-4

图6-1-5

图6-1-6

任务二　选择合适的包装方式

任务情境

阳光公司跟单员王雷确定好包装材料后,开始着手确定产品包装方式。

工作任务

跟单员王雷认真查看了合同的包装条款,了解各包装方式后,确定了此次交易的包装方式。

商品的包装形式主要有三种:裸装、包装、散装。

商品在运输过程中,不一定都需要包装。随着运输装卸技术的不断进步,越来越多的大宗颗粒状或液态商品,如粮食、水泥、石油等,都采用散装方式,即直接装入运输工具内运送,配合机械化装卸,既降低了成本,又加快了进度。另外,还有一类可以自行成件的商品,在运输过程中只需加以捆扎即可,这种方式称为裸装,如车辆、钢材、木材等。

包装是保护商品在流通过程中质量完好和数量完整的重要措施。商品包装是商品生产的继续,凡是需要包装的商品,只有包装完毕,才算完成生产过程,商品才能进入流通领域和消费领域,才能实现商品的使用价值和价值。

根据包装在流通过程中所起作用的不同,可分为运输包装和销售包装两种类型。

一、运输包装

运输包装(transport package)(又称外包装、大包装)是将货物装入特定容器内,或以特定方式成件或成箱的包装。

1. 运输包装的作用。

(1)保护货物在长时间和远距离的运输过程中不被损坏和散失。

(2)方便货物的搬运、储存和运输。

2. 运输包装的种类。

(1)单件包装,是指货物在运输过程中作为一个计件单位的包装。常用的有箱、包、桶、袋、罐、篓等。

（2）集合包装，是在单件包装的基础上，把若干单件组合成一件大包装，以适应港口机械化作业的要求。集合包装能更好地保护商品，提高装卸效率，节省运输费用。常见的集合包装方式有托盘、集装袋和集装箱。

二、销售包装

销售包装（selling packing），又称内包装或小包装，是在商品制造出来以后以适当的材料或容器所进行的初次包装。主要目的是保护商品的品质，方便消费者识别、选购、携带和使用，促进销售，提高商品价值。

1. 销售包装的常见种类有：挂式包装，堆叠式包装，一次用量包装，易开包装，喷雾包装，配套包装，礼品包装，便携式包装。

2. 销售包装的装潢和文字说明。商品销售包装上的装潢和文字说明，是美化商品、宣传商品、吸引消费者，使消费者了解商品特性和妥善使用商品的必要手段。装潢和文字说明通常直接印刷在商品包装上，也有采取在商品上粘贴、加标签、挂吊牌等方式。

销售包装的装潢，通常包括图案和色彩。装潢应美观大方，富于艺术吸引力，并突出商品的特性。同时，还应适应进口国或销售地区的民族习惯或爱好，以利于扩大出口。

文字说明通常包括商品名称、商品品牌、数量规格、成分构成与使用说明等内容。这些文字说明应与销售包装的装潢画面紧密结合、和谐统一，以达到树立产品及企业形象、促进宣传和销售的目的。使用的文字说明或粘贴、悬挂的商品标签、吊牌等，还应注意不违反有关国家标签管理条例的规定。如，有的国家明文规定所有进口商品的文字说明必须使用英文及本国文两种文字。

3. 商品条形码标志。商品条形码（Commodity codes）是由一组规则排列的条、空组合及其对应的供人识别字符组成的标记。商品条码中，其条、空组合部分称为条码符号，其对应的供人识别字符也就是该条码符号所表示的商品标志代码。条码符号具有操作简单、信息采集速度快、信息采集量大、可靠性高、成本低廉等特点。

商品条码一般分为四个部分，按3-4-5-1分，第一部分"3"代表国家，第二部分"4"代表生产厂商，第三部分"5"代表商品代码，第四部分"1"是校验码。以下列条形码"692 2539 56988 6"为例（见图6-2-1）。

图6-2-1 条形码

此条形码分为四个部分,从左到右分别为:第1—3位:共3位,对应该条码的692,是中国的国家代码之一(690—699都是中国的代码,由国际上分配);第4—7位:共4位,对应该条码的2539,代表着生产厂商代码,由厂商申请,国家分配;第8—12位:共5位,对应该条码的56988,代表着厂内商品代码,由厂商自行确定;第13位:共1位,对应该条码的6,是校验码,依据一定的算法(一般使用条码软件,由软件系统自动弹出最后一位校验码),由前面12位数字计算而得到。

知识加油站

条形码校验码的计算方法

为了保证条形码的读取准确,用商品最后一位校验码来校验商品条形码中前12数字代码的准确性。当条形码的数字输入错误时,就会和校验码不一致,这样就能立即发现错误,从而避免不必要的损失。因此,我们要了解校验码的计算方法。

首先,把条形码从右往左依次编序号为"1,2,3,4……",从序号2开始把所有偶数序号位上的数相加求和,用求出的和乘以3,再加上从序号3开始的所有奇数序号上的数,得出和,再用10减去这个和的个位数,就得出校验码。若个位数为0,则校验码也取0。

举个例子:条形码为:977167121601X(X为校验码)。

1. 1+6+2+7+1+7=24

2. 24×3=72

3. 0+1+1+6+7+9=24

4. 72+24=96

5. 10-6=4

所以最后校验码X=4。此条形码为9771671216014。

国际上通用的条码种类很多,最常见的是EAN和UPC条码。其中,EAN码是当今世界上广为使用的商品条码,已成为电子数据交换(EDI)的基础;UPC码主要为美国和加拿大使用。

EAN码是国际物品编码协会制定的一种商品用条码,通用于全世界。EAN码符号有标准版(EAN-13)和缩短版(EAN-8)两种,我国的通用商品条码与其等效,日常购买的商品包装上所印的条码一般就是EAN码(见图6-2-2,图6-2-3)。

图6-2-2　EAN-13　　　　图6-2-3　EAN-8

UPC码是美国统一代码委员会制定的一种商品用条码,主要用于美国和加拿大地区。我们在美国进口的商品上可以看到(见图6-2-4,图6-2-5)。

图6-2-4　UPC-A码　　　　图6-2-5　UPC-E码

39码是一种可表示数字、字母等信息的条码,主要用于工业、图书及票证的自动化管理,目前使用极为广泛(见图6-2-6)。

图6-2-6　39码

Code93码与39码具有相同的字符集,但它的密度要比39码高,所以在面积不足的情况下,可以用93码代替39码(见图6-2-7)。

图6-2-7　Code93码

库德巴码也可表示数字和字母信息,主要用于医疗卫生、图书情报、物资等领域的自动识别(见图6-2-8)。

图6-2-8　库德巴码

Code128码可表示 ASCII 0到 ASCII 127共计 128个 ASCII字符(见图6-2-9)。

图6-2-9　Code128码

三、中性包装

中性包装(Neutral Packing)是指商品和内外包装上既不标明生产国别、地名和厂商的名称,也不标明商标或牌号的包装,主要是为了适应国外市场的特殊要求,如转口销售,有可能你的买家不是最终的买家,只是一个中间商,所以要使用中性包装;或者为了打破某些进口国家的关税和非关税壁垒,这种中性包装的做法是国际贸易中常见的方式,在买方的要求下,可酌情采用。

对于我国和其他国家订有出口配额协定的商品,则应从严掌握,因为万一发生进口商将商品转口至有关配额国,将对我国产生不利影响。出口商千万不能因图一己之利而损害国家的声誉和利益。

中性包装又可以分为无牌中性包装和定牌中性包装。

无牌中性包装是指在出品商品或包装上不用任何商标和牌号,一般用于半制成品或低值易耗品,为了降低成本、节省费用。

定牌中性包装是卖方按买方要求在其出售的商品或包装上标明买方指定的商品或牌名,是为了扩大商标、牌名的知名度,扩大商品的销售市场,用于国外长期性、大数额的订货。

根据交易商品(面料)的特点,王雷认为bale(包)比较适合面料的运输和商品的特性。

✏️ **思考题**

观察图6-2-10—图6-2-17的包装方式,请从不同角度对其进行分类,并找出每一类的共同点。

图6-2-10

图6-2-11

图6-2-12

图6-2-13

图6-2-14

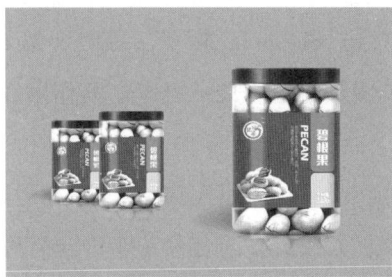

图6-2-15

图6-2-16

图6-2-17

任务三　确定产品唛头

任务情境

阳光公司跟单员王雷确定包装方式和包装材料后,开始着手确定产品唛头。

工作任务

跟单员王雷在了解运输包装标志之后,确定产品唛头。

包装标志是为了便于货物交接,防止错发错运,便于识别,便于运输、仓储和海关等有关部门进行查验等,也便于收货人提取货物,而在进出口货物的外包装上标明的记号。商品外包装上的标志可以分为运输标志、指示性标志、警告性标志、重量体积标志、产地标志等,其中应用最广泛的是运输标志,又称唛头。

一、运输标志

运输标志(Shipping Mark)(见图6-3-1),又称唛头,它通常用一个简单的几何图形和一些字母、数字及简单的文字组成。其作用在于便于运输、辨认货物、顺利完成交易等,防止错发错运。

联合国欧洲经济委员会制定的标准运输标志的四要素为:

(1)收货人或买方的名称首字母或简称;

(2)参考号码;

(3)目的地;

(4)件数号码(包括该件货物的顺序号和该批货物的总件数两部分)。

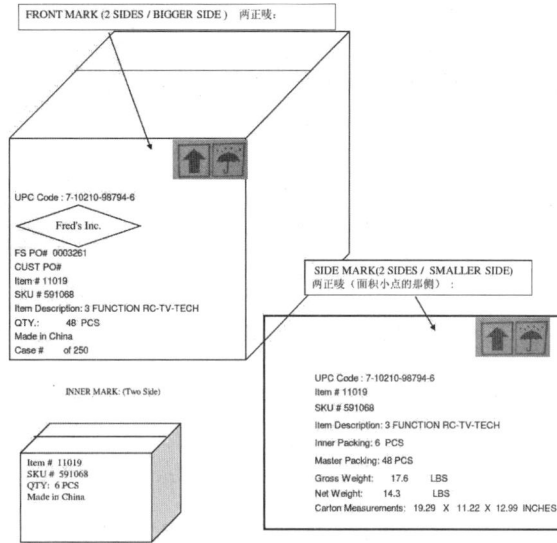

图 6-3-1　运输标志

二、指示性标志

指示性标志(Indicative Mark)(见图 6-3-2)是根据商品的特性,对一些容易破碎、残损、变质的商品,在搬运装卸操作和存放保管条件方面所提出的要求和注意事项,用图形或文字表示的标志。如:小心轻放、向上、怕热、怕湿等。

图 6-3-2　指示性标志

三、警告性标志

警告性标志(Warning Mark)是指在装有爆炸品、易燃物品、腐蚀物品、氧化剂和放射物质的运输包装上用图形或文字表示各种危险品的标志。如:易燃、有害、放射性等。

图 6-3-3　警告性标志

四、重量体积标志

重量体积标志是指在运输包装上标明包装的体积和毛重,以方便仓储和运输过程中安排装卸作业和舱位。如:Gross weight 54KGS、Net weight 52KGS、Measurement 42cm×30cm×21cm。

五、产地标志

产地标志是指在包装上注明产地,可作为各国海关统计和征税的依据。如:Made in China。

为方便运输及客户提货,王雷设计唛头如下:

ABC COMPANY

ORDER NO.SUNNY-2018

MARSEILLES,FRANCE

C/NO.:1-UP

思考题

某公司向国内一公司出售一批仪器,合同规定由买方提供唛头,但截止买方提供时间届满,仍未见其通知设计情况,而该公司货已备好。请问该公司应如何处理此事?

项目七　发货跟单

任务一　出货跟单

任务二　运输跟单

　　发货跟单是产品出运前的重要一步,跟单员不仅需要与运输公司沟通协商出货,进行出货跟单,还要与货代密切联系,准备货物出口运输工作,进行运输跟单。

　　在出货跟单中,跟单员需要明确出货跟单流程及工作职责,做好出货准备,办理好相关手续。同时,做好出货监控,落实装运,切实保证货物如数出货,并整理好跟单资料及产品资料作为存档文件。

　　在运输跟单中,跟单员要在确定运输方式的前提下确定合作的货代,并与之签订合同,支付相关费用,保证货物的出口。

任务一　出货跟单

任务情境

产品生产、包装并检测完成,阳光公司跟单员王雷根据合同规格及客户确认的最后结果,及时安排出货。

工作任务

跟单员王雷安排出货。

出货是企业按计划发出产品的过程。在所有的产品进行商检之后,跟单员要根据合同的规定以及客户确认的最终结果,及时安排出货。

当产品按照客户需求生产完成后,为保证订单产品准时付运,产品生产进入包装阶段。跟单员需着手跟进出货安排,跟单员按交货期行使出货计划,确定交货地址,开具出货单、出厂申请单等票据,由跟单员联系或工厂专门的出货组联系运输公司,选择适当的运输工具,签好运输协议,填好运单,还需依照合同规定办理运输保价或另行办理保险,发出出货报告。

一、出货跟单流程及工作职责(见表7-1-1)

报7-1-1　出货跟单流程及工作职责

出货的各个阶段	跟单员职责
出货准备	确认运输公司接货时间,办理出货手续,协调交接事宜
出货	出货监控
装运	办理运输手续及保险,取得运单
发装货通知	通知客户货已出运,传真装货资料
出货跟踪	统计已出货订单情况,制订未出货订单出货计划

二、出货跟单工作内容

1. 出货准备。跟单员应将出货时间、数量等及时通知相关部门。根据出货通知时间及时安排发货,如不能保证交货,应及时与运输公司或客户协商处理。出货前一天通知生产部具体货柜车到厂的时间,并把装箱单分发给生产部相关人员,方便生产部安排出货工作。

2. 内部手续。办理内部发货手续,开出货单、出厂申请单等单据,同时将货运通知单下发仓储部门。以下为出货单及货运通知单样本(见表7-1-2,表7-1-3)。

表7-1-2 出货单

公司名称:							
订单号码:		客户:			出货日期:		
公司名称	型号规格	数量	单价	金额	箱号	箱数	备注
其他费用分摊方式:							

财务主管: 会计: 审核: 填表:

表7-1-3 货运通知单

订单号			客户名称			
订单数量			产品名称			
交货期限			交货地点			
批次	数量	入库时间	交货期限	交货地点	出库时间	送抵时间
1						
2						
3						
4						

填表: 复核: 审核主管:

3. 出货监控。为了防止发生出货差错,跟单员有必要对出货进行监控。在实际操作过程中,可以采用下列方法控制出货误差。

专人点数法:专门指定人员守在货柜旁边,点数确认并记录。该种方法应用于出货车辆多、产品类别杂等情况。其特点是切实有效,但比较浪费人工。

仪器扫描法:利用先进的仪器进行全数扫描、探测。该方法科学性强。因需要使用高级仪器,所以适用于规模比较大的企业。

装箱后确认法:该方法实施简便,快捷,在全部出货产品搬运完毕并装好箱后再进行确认。由于装箱完后有些货物无法看清,只能估计,所以有一定的局限性。这种方法适合于出货产品比较单一的情况,如大件产品。

4. 落实装运。结合货物运输方式,跟单员需要填写货运单据,落实装运操作,依照运输合同交付运费,取得提单。

5. 发装运通知。通知客户货已运出,请客户回传确认单。如果合同规定风险和费用从交运起转移给客户,及时发送装运通知可以方便客户办理运输保险。

6. 统计出货情况。为了便于开展出货跟踪与跟进事宜,跟单员可对已接订单中的未出货和已出货情况分别归类,统计订单的实际出货完成情况,填写订单出货状况一览表(见表7-1-3),方便查阅跟进。

表7-1-4 订单出货状况一览表

订单号	客户	接单日	订单数量	合同交货期	工厂实际交货期	填表人

7. 出货以后,跟单员应当掌握与货物相关的运输状态信息。如有意外情况,可以快速做出反应,防止事态扩大或造成严重后果。

8. 开具发票,跟进货款结算,账目结算。

9. 整理跟单资料及产品资料。

任务二　运输跟单

任务情境

阳光公司跟单员王雷在与天元公司密切联系的同时,也电话联系了货代公司,开始着手货物出口运输工作。

工作任务

跟单员王雷安排货物出口运输。

一、签订货物运输合同

货物运输合同是指承运人按照合同的约定,将承运货物运送到指定地点,托运人支付相应报酬的协议。

运输合同有如下特点:

1. 货运合同一般具有标准合同的性质。运输合同的主要内容,特别是运费等,都是由国家交通运输部门规定的,双方当事人无权通过约定予以变更。

2. 货物运输合同主体具有特殊性。货物运输合同的主体与一般合同关系的主体不同,除直接参与签订合同的委托人和承运人外,通常还有第三人,即收货人。

3. 运输合同是双务、有偿合同。个别时候承运人可能免费运输货物,这时候就是单务无偿合同。

货运合同根据运输方式不同,又分为海洋运输合同、铁路货物运输合同、公路货物运输合同、航空货物运输合同以及多式联运合同等。

二、海洋运输方式

1. 海洋运输的特点。

海洋运输简称海运。海运相对于其他运输方式来说,在以下几个方面显示出自己巨大的优越性:第一,运输量大。巨型货轮一次就可运送几万甚至几十万吨的货物。第二,通过能力强。海上航道宽阔,不像陆地运输要受到公路或轨道的严格限制。第三,运费低廉。由于运量大和不需投资修建航道,故海运成本较为低廉。海运的这些优点,使得它在国际贸易的各种运输方式中深得人们的青睐。目前国际贸易总运量中大约有2/3属于海洋运输。

2. 班轮运输和租船运输。

海运可以从不同的角度来分类。按从经营方式的不同,可以分为班轮运输和租船运输两种基本形式。

(1)班轮运输。班轮也称定期船,是指由轮船公司经营的、按照预定的航行时间表、沿固定的航线和港口停泊载货的轮船。

班轮运输具有四个特点:一是有固定的船期、航线和停靠港口。二是承运人和托运人之间不需要订立租船合同,双方的权利、义务以及责任等均以提单条款为依据。三是按固定费率收取运费,班轮公司负责装卸费和理货费。四是委托班轮运输的货物量可多可少,承运人负责理舱、配载和装卸货物。班轮运输的这些特点表明它在海洋运输中具有较大的灵活性和适应性,特别适合于那些运输数量少,批次多,交货港口分散的杂货和零散货物。

知识加油站

班轮运输

班轮运费是班轮公司运输货物而向货主收取的费用,它由基本运费和附加费两部分构成。基本运费包括货物从装运港到目的港的运输、装船以及卸货费用,这部分费用相对固定。附加费是为了弥补运输过程中的一些额外支出而向货主收取的补充费用,它一般随支出情况灵活收取。

班轮基本运费的主要计算标准有以下几种:

按商品的毛重计收,称为重量吨,在运价表中用"W"表示。这种计算方法运用于机器、建材等比重大的货物。

按商品的体积或容积计收,称为体积吨,在运价表中用"M"表示。这种计算方法适用于塑胶等体积大、重量轻的货物。

按商品的毛重或体积从高计收,在运价表中用"W/M"表示。

按商品的价格计算,也称从价运费,在运价表中用"A.V."或"ad.Val"表示。这种方法适用于黄金、珠宝等贵重物品的运送计价。

按货物的件数计收,如运送汽车时按辆、运送牲畜时按头计算运费。

按货物的毛重、体积、价格从高计收,在运价表中用"W/M or A.V."表示。

按货物的毛重或体积计收,然后另加一定百分比的从价运费,在运价表中用"W/M plus A.V."表示。

临时议价,由货主和轮船公司临时议定运费。运价表中列为"议价货"的货物一般是谷物、矿石、煤炭等大宗货物。

班轮运费中的附加费名目繁多,常见的有燃油附加费、超长附加费、超重附加费、直航附加费、绕航附加费、转船附加费、港口附加费、港口拥挤附加费、选择港口费、货币贬值附加费等等。附加费的计算方法主要有两种:一种是在基本费率的基础上增加若干百分比;另一种是按每运费吨收取一定量的附加费。在多数情况下,附加费均按第一种方法计算。

(2)租船运输,也称不定期运输,租船(Charter)运输是指货主或其代理人向船主租用整条船运输货物。与班轮运输相比,租船运输也有四个特点:一是没有固定的航期航线和装卸港口。二是租船人和承运人之间要订立租船合同,双方的权利与义务以租船合同为依据。三是运价不固定,受国际航运市场船舶供求状况调节,运输费用较之班轮要低,装卸费用可由船方负担,也可由租船人负担,还可由两者分担。四是所运货物量大,因是整船租赁,由于运量少所形成的空舱损失要由租船人自己承担。租船运输的特点决定了它特别适合于运送那些批量大、价值低、交货期集中的散装货物,如粮食、竹、木、矿石、煤炭、水泥、化肥等。

租船运输按其租用方式的不同,又可分为定程租船和定期租船两种。定程租船(Voyage Charter or Trip Charter),简称程租船或航次租船,是指按航程租船,可租赁单程、双程或连续单程、连续双程等。采用这种租船方式时船舶由船主负责经营管理,并对货物运输负责。

定期租船(Time Charter),简称期租船,是指按时间租船,租期可短可长。在租赁期间,船舶交租船人经营管理,但船主要负责船舶的维修等。

知识加油站

租船运费

租船运费,也就是租船的租金。由于租船运输没有固定的运价,所以运费或租金就是在市场供求关系的制约下,通过出租人与船主之间的洽租而形成的。

程租船的运费中包括船员工资、给养、船体的维护和修理、物料供应及装备、油料、燃料、淡水、保险、检验、折旧、港口、装卸、洗舱、压舱、垫舱物料、代理、索赔等方面的支出。其计算方法有两种：一种是按装货或卸货的吨数计算，即按租船合同中的协议运费率乘以装货或卸货的数量得出；另一种是包价计算，即按整船包干运费计算，所以也称为包干费。

期租船的运费是根据租船合同协议按每月每载重吨若干金额或整船每天若干金额计算。在运费中不包括燃料、港口、装卸、洗舱、垫舱物料、压舱、淡水、代理等费用，这些费用由承租人自己负担。光船租船是租金主要按租期计算，租金中只包括折旧、保险、检验、佣金方面的费用，其余开支均由承租人自己负担。

水路货物运单样本

本运单经承、托双方签章后，具有合同效力，承运人与托运人、收货人之间的权利、义务关系和责任界限均按《水路货物运输规则》及运杂费用的有关规定办理。

表7-2-1 水陆货物运单

交接清单号码					运单号码							
船名航次			起运港		到达港			到达日期 承运人章			收货人 （章）		
托运人	全称			收货人	全称								
	地址、电话				地址、电话								
	银行账号				银行账号								
发货符号	货号	件数	包装	价值	托运人确定		计费重量		等级	费率	金额	应收费用	
					重量（吨）	体积（长、宽、高）(m³)	重量（吨）	体积(m³)				项目	费率	金额
												运费		
												装船费		
合计														
运到期限（或约定）							托运人（公章） 月 日				总计		
											核算员		
特约事项						承运日期 起运港承运人章					复核员		

【说明】

1. 此货物运单主要适用于江、海干线和跨省运输的水路货物运输。

2. 水路货物运单、货票一式六份,顺序如下。

第一份:货票(起运港存查联)。

第二份:货票(解缴联)起运港→航运企业。

第三份:货票(货运人收据联)起运港→托运人。

第四份:货票(船舶存查联)起运港→船舶。

第五份:货票(收货人存查联)起运港→船舶→到达港→收货人。

第六份:货物运单(提货凭证)起运港→船舶→到达港→收货人→到达港存。

3. 除另有规定外,属于港航分管的水路运输企业,由航运企业自行与托运人签订货物运输合同的,均使用航运企业台头的水路货物运单。

4. 货物运单联需用厚纸印刷,货票各联用薄纸印刷,印刷墨色应有区别:解缴联为红色,收据联为绿色,其他各联为黑色。

5. 要印控制号码或固定号码。

6. 到达港收费,另开收据。

7. 规格:长19cm,宽27cm。

三、铁路运输方式

铁路运输是一种仅次于海洋运输而在国际贸易运输中占有重要地位的陆上运输方式。铁路运输的主要优点是速度快、运输量大、受气候条件的影响小,从而途中风险也小。铁路运输对货物的适应面较宽,但由于受地理条件的限制,直接通达面较窄,所以主要用于陆地相连的国家之间的贸易运输,以及在国内担负进出口货物的集散任务。

1. 铁路货物运输流程。

企业单位、机关团体以及个人用户到铁路托运货物的步骤,及铁路内部相应的作业过程如图7-2-1所示。铁路做为现代化运输系统,其运输生产组织较为严密,也具有繁杂的规章制度。选择铁路作为主要的运输方式,就要求跟单员熟悉铁路货物运输种类,精通办理铁路运输的流程以及相应的规章制度。

用户(托运人、收货人)	铁路(承运人)
提出货物运输服务订单	受理、审核订单
填写运单、办理托运	车站内勤受理运单、外勤受理货物
搬入货物、缴纳运输费用	车站制票收款、装车挂运
将领货凭证递交给收货人	列车中途运行、编解作业
收货人查询到货情况	到站卸车、发出到货催领通知
办理领货手续并领取货物	到站内勤交付票据、外勤交付货物

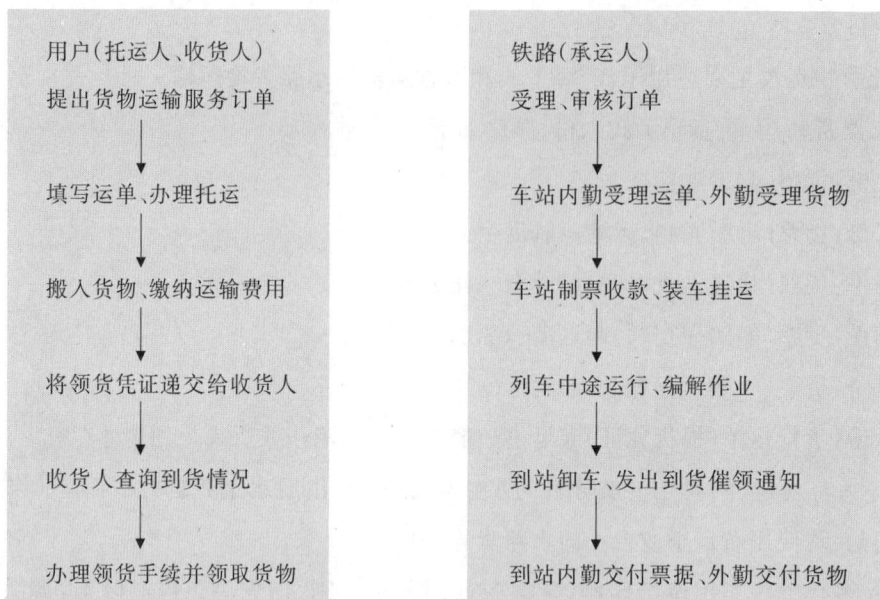

图 7-2-1　铁路货物运输流程

2. 铁路货物运输种类。

铁路运输可以从不同角度进行分类。例如从运输数量的角度可以分为整车运输、零担运输和集装箱运输,整车适用于大宗货物,零担适用于零星货物,集装箱适用于精密、贵重、易损货物;从运输速度的快慢角度,可以分为慢运和快运等;从通达地或运行范围的角度,可以将其分为国内铁路运输和国际铁路运输。

3. 铁路货物运输合同。

办理铁路货物运输,托运人与承运人应签订运输合同。大宗整车货物的运输合同可按季度、半年度、年度或更长期限签订,并提出月度铁路运输计划。其他整车货物可用铁路货物运输服务订单作为运输合同。整车交运货物时,还必须向承运人递交货物运单,零担货物和集装箱货物,并以货物运单作为运输合同。

托运人向承运人提出货物运单是一种签订合同的契约行为,即表示其签订运输合同的意愿。按货物运单填写的内容向承运人交运货物,承运人按货物运单记载接收货物,核收运输费用,并在运单上盖章后,运输合同即告成立。托运人、收货人和承运人双方即开始负有法律责任。

铁路货物运单格式由两部分组成,左侧为运单,右侧为领货凭证。运单和领货凭证背面分别印有"托运人须知"和"收货人领货须知"。每批货物填写一张货物运单(见表7-2-2),根据栏目要求分别由托运人和承运人填写,填写内容必须翔实正确,文字规范,字迹清楚,不得使用铅笔或红色墨水。内容如有更改,在更改处须加盖托运人或承运人印章证明。

表7-2-2 铁路货物运单样本

计划号码或运输号码：_____
货物运到期限：_____ 发站承运日期：____年____月____日

发站		到站		车种车号		货车标重		承运人		装车
托运人	名称		电话		施封号码			托运人		
	地址				铁路货车篷布号码			承运人		施封
收货人	名称		电话		集装箱号码			托运人		
	地址				经由			运价里程		
货物名称	件数	包装	货物重量		计费重量	运价号	运价率	现付		
			托运人确定	承运人确定				费别	金额	
								运费		
								装费		
								取送车费		
								过秤费		
合计										
记事								合计		

四、公路运输方式

公路运输（highway transportation）是在公路上运送货物的一种运输方式，是交通运输系统的组成部分之一。

1. 公路货物运输的特点。

现代所用运输工具主要是汽车。因此，公路运输一般即指汽车运输，机动灵活，使用方便，能深入厂矿，铁路车站，码头，农村，山区等各点，加之公路网纵横交错，布局稠密，因而公路运输既是联系点与点之间的主要运输方式，也是面上的运输方式；公路运输事业投资较少，回收快，设备容易更新；一般公路的技术要求较低，受到破坏后较易恢复。因此，公路运输对国民经济和社会发展起着重要的作用。但公路运输也有其局限性，主要是所用汽车与铁路车辆、船舶等相比，装载量小，单位运输量的能源消耗大，运输成本高，容易发生交通事故、排放污染物和产生噪声污染等。

2. 公路运输的组织和经营方式。

其主要有以下四种：

（1）将车辆出租给用户定次、定程或定期使用；

（2）根据运输合同或协议派车完成运输任务，一般用于货物运输；

（3）组织定线、定站、定时的货运班车。货运班车是汽车零担货物运输的主要形式。因此一般为零担货运班车；

（4）按用户托运货物的要求，调派、组织车辆合理运行。

为了提高公路运输效率和降低运输成本，公路运输的组织形式和方法不断有新的发展，已广泛开展汽车集装箱运输、拖挂运输、集中运输等。拖挂运输是以汽车列车取代普通载货汽车运输货物，它可以增大车辆的载重量。汽车列车是由牵引车或汽车与挂车组成，两者间能摘能挂，既可按需要灵活调配车辆，又可实行甩挂运输。甩挂运输是在一点装货和一点卸货，或一点装货和多点卸货、或多点装货和一点卸货的固定线路上，配备数量多于汽车或牵引车的挂车，以便到达装卸货点时，甩下挂车装卸货，而汽车或牵引车可挂走已装卸货的挂车，进行穿梭式的往复运输。集中运输是由一个汽车运输单位把货物从一个发货点（车站、码头、仓库等）运往许多收货点，或从许多货物点运往一个收货点，这样收、发货单位不必派人取送货物，既节省了人力，还可以合理调度车辆，减少车辆空驶，提高运输效率，并为使用汽车列车、专用运输汽车和装卸机械创造了有利的条件。公路货物运单见表7-2-3。

表7-2-3　公路货物运单样本

运单号码：

托运人姓名		电话		收货人姓名		电话	
单位名称				单位名称			
托运人详细地址				收货人详细地址			
托运人账号		邮编		收货人账号		邮编	
取货联系人姓名		单位		送货地联系人姓名		单位	
电话		邮编		电话		邮编	
取货地详细地址				送货地详细地址			
始发站		目的站		起运日期		要求到货日期	
运距		公里	全行程		公里	是否取送	是否要求回执
路由				□取货	□送货		□否□运单 □客户单据
货物名称	包装方式	件数	计费重量 （kg）	体积 （m³）	取货人签字		
					签字时间		
					托运人或代理人签字或盖章		

托运人姓名		电话			收货人姓名		电话	
					实际发货件数			
					签字时间			
					收货人或代理人签字或盖章			
合计					实际发货件数			
收费项	运费	取/送货费	杂费	费用小计	签字时间			
费用金额					送货人签字			
客户投保声明	□不投保		□投保		签字时间			
	投保金额		元	保险费		元		
运费合计（大写）		万		仟		佰	拾	元　　角
结算方式 □现结□月结□预付款 □到付				元	付款方式			
制单人		受理日期			受理单位			

五、航空运输方式

1. 航空运输的特点。

航空运输(air transportation)，即使用飞机、直升机及其他航空器运送人员、货物、邮件的一种运输方式。航空运输最大的特点是不受地形地貌的限制，可快捷、安全地将货物运往世界各地。因此它最为适宜运送那些贵重、轻量、急需、鲜活的商品。在国际贸易中，电子设备、计算机、精密仪器、医药等几乎百分之百地使用空运方式。此外，一些服装、鲜活食品等也大量采用航空运输。航空运输的不足之处在于一次运输量小、运价高。

2. 航空运输的形式。

(1)班机运输。这相当于海运中的班轮，也具有"四固定"的特点：固定时间、固定航线、固定始发与停靠港、固定运价。班机运输适用于运输那些批量小或可以分批装运的货物。

(2)包机运输，与海运中的租船运输相似，由货主或货运代理人与航空公司或包机代理公司事先谈定条件和价格，然后租用飞机运输货物。这种方式的运费较之班机运费要低，适用于运输批量较大的货物。包机运输又可分为整包机(包租整架飞机)和部分包机(几家发货人联合包租一架飞机)两种形式。

(3)航空快递,是由专门经营该项业务的航空货运代理公司,派专人以最快的速度在货主、机场、用户之间传递货物。由于有专人负责整个运输过程,所以它具有快捷、安全、方便的优点。据不完全统计,世界上已有近200个国家和地区开展了这项业务。我国对外贸易运输总公司也于1980年开办了该项业务,目前已可办理到世界90个左右的国家、近千个城市的快递业务。航空快递一般以传递商务文件、资料、小件物品等为主。其具体业务方式又可分为三种,一是从机场到机场,即发货人在飞机始发站机场将货物交给航空公司,然后再通知收货人到目的地机场取货;二是从门到门,即航空快递公司在接到发货人的电话委托后,立即派人到发货单位取货并送到机场交运,然后再负责通知目的地的速递公司或其代理人在规定的时间内取货并送达收货人手中;三是派专人送货,即由快递公司随机派人送货。

3. 办理航空货物运输的流程。

(1)办理托运。各外贸公司及工贸企业在备齐货物、收到开来的信用证经审核(或经修改)无误后,就可办理托运,即按信用证和合同内有关装运条款,以及货物名称、件数、装运日期、目的地等填写《托运单》并提供有关单证,送交外运公司作为订航班的依据。

(2)安排货舱。外运公司收到托运单及有关单据后,会同中国民航,根据配载原则、货物性质、货运数量、目的地等情况,结合航班安排舱位,然后由中国民航签发航空运单。

(3)装货、装机。外运公司根据航班,代各外贸公司或工贸企业往仓库提取货物送进机场,凭装货单据将货物送到指定舱位待运。

(4)签发运单。货物装机完毕,由中国民航签发航空总运单,外运公司签发航空分运单。航空分运单有正本三份、副本十二份。正本三份,第一份交给发货人,第二份由外运公司留存,第三份随货同行交给收货人。副本十二份作为报关、财务结算、国外代理、中转分拨等用途。

(5)发装运通知。货物装机后,即可向买方发出装运通知,以便对方准备付款、赎单、办理收货。

4. 航空货物运输运单。

航空运单(Air Waybill)是由承运人或其代理人签发的重要的货物运输单据。它有别于海运提单,却与国际铁路运单相似。它是承、托双方的运输合同,其内容对双方均具有约束力。航空运单不是代表货物所有权的物权凭证,因此不可转让,是一种不可预付的单据。航空运单见表7-2-4。

表7-2-4　中国民用航空货运单

发货人(报销联)：

出发站			到达站	
收货人	名称		电话	
	地址			
发货人	名称		电话	
	地址			
空陆转运	至		运输方式	
货物品名	件数及包装	重量		价值
		计费	实际	
航空费用:(每kg/元)	¥	储运注意事项	收运站	
地面费用:(每kg/元)	¥			
空陆转运费:(每kg/元)	¥			
中转费:(每kg/元)	¥		日期	
其他费用	¥			
合计			经手人	

【说明】本运单分财务联、发货人联、到达站联、存根联,共四联。

六、多式联运

多式联运是指按多式联运合同,以至少两种不同的运输方式,由多式联运经营人将货物运至指定地点。多式联运具有以下特点：

1. 要有一份多式联运合同。

2. 使用一份全程联运提单。

3. 至少为两种(例如陆空、陆海等)不同运输方式的连贯运输。

4. 由一个多式联运经营人对全程运输负总责;多式联运经营人即承运人具有双重身份:一方面他与货主签订多式联运合同,另一方面又以托运人身份与各分承运人签订分段运输合同。

5. 实行全程单一的运费费率。

6. 一般采用集装箱运输。

七、集装箱运输

集装箱（Container）也称货柜,是一种经过特殊设计、使用耐久材料制作成的专门化运输设备。集装箱运输就是将承运的货物集合组装进货柜内,通过一种或多种运输工具来完成商品运输的全过程。

1. 集装箱的特点。

集装箱运输具有安全准确、节约成本、高效迅速、适应面宽的特点。

安全准确是指集装箱运输实行货柜装运,门到门交接,一票到底,中途不开箱,从而减少了中间环节,提高了货运质量,有效地保证了货物安全、准确的运输。

节约成本是指用集装箱运输,一方面可以节约包装费用和搬运费用,另一方面可缩短运输工具停靠港口车站的时间,降低了运输成本,提高了车船营运率。

高效迅速是指采用集装箱装运,有利于全部实行机械化作业,大大节省了装卸时间,加快了货运速度。

适应面宽是指集装箱种类繁多。例如有干货集装箱、冷冻集装箱、柜架集装箱、开盖集装箱、罐式集装箱、挂式集装箱、牲畜集装箱等,可以广泛适应不同性质的货物、不同运输方式的需要。

2. 集装箱的分类。

为了适应不同货物和货物容积的需要,集装箱可设计成各种不同类型和尺寸。集装箱可从以下方面进行分类。

（1）按制箱材料分,有铝合金集装箱、钢板集装箱、纤维板集装箱、玻璃钢集装箱。

（2）按用途分,有干货集装箱、冷冻集装箱（Reefer Container）、挂衣集装箱（Dress Hanger Container）、杂货集装箱、散货集装箱、液体货集装箱、冷藏箱集装箱。其中挂衣集装箱（Garment Container）的特点是,在箱内上侧梁上装有许多根横杆,每根横杆上垂下若干条皮带扣、尼龙带扣或绳索,成衣利用衣架上的钩,直接挂在带扣或绳索上。这种服装装载法属于无包装运输,它不仅节约了包装材料和包装费用,而且减少了人工,提高了服装运输质量。

（3）按结构分,有折叠式集装箱、固定式集装箱等,在固定式集装箱中还可分密闭集装箱、开顶集装箱、板架集装箱。

（4）按总重分,有30吨集装箱、20吨集装箱、10吨集装箱、5吨集装箱、2.5吨集装箱等。

（5）目前,国际上通常使用的干货柜（Dry Container）按规格尺寸分为:外尺寸为20英尺×8英尺×8英尺6寸,简称20尺货柜;40英尺×8英尺×8英尺6寸,简称40尺货柜。近几年较多使用的是40英尺×8英尺×9英尺6寸,简称40尺高柜。其中,20尺的集装箱被称为一个集装箱计算单位或标准箱(TEU,Twenty foot equivalent unit)。20英尺换算单位,是计算集装箱箱数的换算单位。目前各国大部分集装箱运输都采用20英尺和40英尺长的两种集装箱。为使集装箱箱数计算统一化,把20英尺集装箱作为一个计算单位,40尺集装箱作为两个计算单位,以利统一计算集装箱的营运量。各种规格集装箱尺寸数据见表7-2-5。

表7-2-5　集装箱常见规格

类别	内部尺寸(m×m×m)	配货毛重(t)	体积(m³)
20尺柜	5.69×2.13×2.18	17.5	24~26
40尺柜	11.8×2.13×2.18	22	54
40尺高柜	11.8×2.13×2.72	22	68
45尺高柜	13.58×2.34×2.71	29	86
20尺开顶柜	5.89×2.32×2.31	20	31.5
40尺开顶柜	12.01×2.33×2.15	30.4	65
20尺平底货柜	5.85×2.23×2.15	23	28
40尺平底货柜	12.05×2.12×1.96	36	50

3. 集装箱货物的交接方式。

作为集装箱货物,整箱货与拼箱货的货物流通途径大体相同,所不同的是货物的交接方式。集装箱货物在交接过程中会涉及三个交接地点:收货人的仓库(简称D)、集装箱装卸作业区(简称CY)和集装箱货运站(简称CFS)。其中,集装箱装卸作业区是办理集装箱空箱装卸、存储、保管、交接的场所,包括码头、车站前方堆场和后方堆场。集装箱货运站是接受运输公司的委托,在内陆交通比较便利的大中城市设立的提供集装箱交接、中转,尤指对拼箱货物提供服务的专门场所。

集装箱运输中,整箱货和拼箱货在船、货双方之间的交接方式有以下几种。

(1)门到门(door to door):由托运人负责装载的集装箱,在其货仓或厂库交承运人验收后,负责全程运输,直到收货人的货仓或工厂仓库交箱为止。

(2)门到场(door to cy):由发货人货仓或工厂仓库至目的地或卸箱港的集装箱装卸区堆场;。

(3)门到站(door to cfs):由发货人货仓或工厂仓库至目的地或卸箱港的集装箱货运站。

(4)场到门(cy to door):由起运地或装箱港的集装箱装卸区堆场至收货人的货仓或工厂仓库。

(5)场到场(cy to cy)：由起运地或装箱港的集装箱装卸区堆场至目的地或卸箱港的集装箱装卸区堆场。

(6)场到站(cy to cfs)：由起运地或装箱港的集装箱装卸区堆场至目的地或卸箱港的集装箱货运站。

(7)站到门(cfs to door)：由起运地或装箱港的集装箱货运站至收货人的货仓或工厂仓库。

(8)站到场(cfs to cy)：由起运地或装箱港的集装箱货运站至目的地或卸箱港的集装箱装卸区堆场。

(9)站到站(cfs to cfs)：由起运地或装箱港的集装箱货运站至目的地或卸箱港的集装箱货运站。

参考文献

[1]许宝良.外贸跟单与生产跟单[M].北京:高等教育出版社,2013.

[2]林丽霞,杨慧彤.印染·服装跟单实务[M].上海:东华大学出版社,2012.

[3]吴俊,刘庆,王东伟.染整印花跟单[M].北京:中国纺织出版社,2005.

[4]贺良震.纺织品染整跟单实务[M].北京:化学工业出版社,2008.

[5]丁群,吴知非.纺织品贸易从业人员必读[M].北京:中国纺织出版社,2013.